문단열의 아이가 행복해지는 영어공부법

문단열의 아이가 행복해지는 영어공부법

초판 1쇄 발행   2014년 10월 10일

지은이   문단열
펴낸이   김완중
펴낸곳   내일을여는책

주 간   정용일
관 리   전현아
인 쇄   예림인쇄
제 책   바다제책

출판등록   1993년 1월 6일 (등록번호 제 475-9301호)
주 소   597-805 전라북도 장수군 장수읍 송학로 93-9 19호
전 화   (063)353-2289 | **팩스**   (063)353-2290
전자우편   wan-doll@hanmail.net | **전자우편**   blog.naver.com/dddoll

ISBN 978-89-7746-046-1   03740

ⓒ 문단열, 2014

• 이 도서의 국립중앙도서관 출판시도서목록(CIP)은 서지정보유통지원시스템 홈페이지(http://seoji.nl.go.kr)와
  국가자료공동목록 시스템(http://nl.go.kr/kolisnet)에서 이용하실 수 있습니다. (CIP제어번호: 2014028019)

문단열의

아이가
행복해지는
영어
공부법

문단열 지음

내일을여는책

'어떻게 하면 우리 아이가 영어를 잘할 수 있을까?'

'아주 오래된' 그리고 지금도 가장 큰 엄마들의 고민 가운데 하나 입니다.

그동안 우리를 둘러싼 '영어 환경'도 참으로 많이 변했습니다. 저 마다 유명세와 효과를 강조하는 교재들, 영어 유치원에 조기유학까 지… 정보는 넘쳐 나고, 열기는 후끈하지만 결과는 어떤가요? 만족 스럽다고 고개를 끄덕이는 사람이 과연 얼마나 될까요? 그렇다면, 온 나라가 열과 성을 다하고 허리가 휘도록 돈까지 들여 가면서 영 어학습에 공을 들이는데도 불구하고 왜 우리나라의 영어 수준은 그 리고 어린이들의 현실은 이다지도 우리의 바람과 다를까요?

그것은 우리의 '착각' 때문입니다. 그저 '열심히'만 시키면 된다는 착각, '선행학습'이 최고라는 착각, '좋은 학원을 찾아 주기만 하면 된다'는 착각.

제2차 세계대전 당시 영국의 총리로서 히틀러의 나치즘에 맞서 싸워 승리를 일궈 낸 정치가인 윈스턴 처칠. 대대로 명문가였던 집

안에서 태어나 남부러울 것 없었던 그도 학창시절에는 천국과 지옥 사이를 왔다 갔다 했다고 합니다. 읽기와 쓰기 시간에는 펄펄 날아다녔지만, 라틴어 수업시간에는 친구들뿐만 아니라 선생님들조차 인정한 '바보'가 되었기 때문이지요. 당시의 라틴어는 대학에 진학하기 위해 반드시 익혀야 하는 과목이었습니다. 요즘 우리의 영어와 마찬가지 과목이었던 셈이지요. 그러나 '한고집'했던 처칠은 관심이 없는 라틴어 따위는 쳐다보지도 않았고, 결국 삼수 끝에 라틴어가 필요 없는 육군사관학교로 진학하게 됩니다. 그후 처칠이 영국의 총리이자 제2차 세계대전 승리의 견인차, 노벨문학상 수상자이자 명연설가로 이름을 떨쳤다는 것은 모두가 잘 아는 사실입니다.

여기에서 우리는 두 가지 사실을 알 수 있습니다. 하나는 외국어(라틴어든 영어든)를 잘하지 않아도 뛰어난 인물이 될 수 있다는 것이고, 또 하나는 강요에 의해서는 절대 영어를 잘할 수 없다는 사실입니다.

문제는 요즘 우리나라의 경우는 대학을 가든, 취직을 하든, 사관

학교엘 가든 영어를 잘하지 못하고서는 문턱조차 밟기 어렵다는 데 있습니다. 그러니 해답은 하나밖에 없는 셈이지요.

'아이들에게 영어를 강요하지 않고 스스로 흥미를 가지고 공부할 수 있도록 하는 것'이 그 해답입니다. 이 책은 바로 그것 때문에 쓰여졌습니다.

훗날 처칠은 자신의 어린 시절을 돌아보며 이렇게 말했습니다.

"나는 내가 흥미를 느끼지 못하는 과목에서는 아무것도 배울 수 없었다!"

우리 아이들도 마찬가지입니다. 아이가 학원 가는 걸 싫어하나요? 값비싼 교재를 틀어 줘도 몸을 비비 꼬면서 딴짓을 하나요? 그렇다면 당장 중지하십시오! 아이들은 지금 영어에 '저항'하고 있는 겁니다. 다시 한 번 강조하는데 '강요'와 '착각'은 아이들에게서 '흥미'와 '호기심'을 증발시켜 버릴 뿐입니다.

그럼 도대체 어떻게 해야 할까요? 대개 인생의 다른 문제들이 그러하듯이 우리 아이들 영어교육에 관한 정답도 '저 멀리 어디엔가'

있는 것이 아니라 '정도(正道)'에 있습니다.

　우선 아이들이 영어에 흥미를 가질 수 있는 환경을 조성하고, 자녀의 인지발달 수준에 걸맞은 방법으로 가르치며, 부모님이 함께 뛰어 줘야 합니다. 나아가 이 책은 어떤 교재를 사용해서 어떻게 아이를 지도해야 할지에 대한 구체적인 안내까지 담고 있습니다.

　이 책이 '강요'와 '착각'에서 과감히 벗어나 호기심 가득하고 흥미진진한 영어의 세계로 부모님들과 아이들을 안내하는 길라잡이가 된다면 더 바랄 게 없겠습니다.

2014년 9월

종로에서

Contents

chapter 02

Alive 살려 놓고
상처 주지 마라

Appropriate 적절하게
맞는 옷을 제때에 입혀라

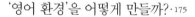

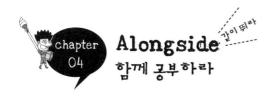

chapter 04 Alongside 같이 뛰라
함께 공부하라

chapter
01

정말
영어조기교육은
필요할까?

영어를
잘하는 게
목적이라면

영어 조기교육 필요 없다!

자, 다음 질문에 대답해 봅시다.

"24세가 넘어서, 그러니까 대학도 졸업할 나이가 넘어서 'This is a book'부터 다시 시작해 영어를 전문으로 하는 직업을 가질 수 있을까요?"

그러니까 더 간단히 말해서 '조기교육'이 아니라 '황혼교육'으로 영어를 유창하게 할 수 있겠냐고요.

대답은 놀랍게도 'Yes'입니다. 그게 어떻게 가능하냐고 묻는다면 실화를 하나 들어 답하겠습니다.

제가 대학교 때 가장 존경하던 선생님이 계셨습니다. 그 분은 학원에서 '동시통역대학원'의 입시생들을 가르치고 계셨는데 놀랍게도, 대학을 졸업하고 27세에 영어를 파닉스부터 다시 시작한 분이었습니다. 취직이 안 되어 '노느니 이라도 잡는 심정'으로 시작했는데 그게 재미가 붙어서 2년여 만에 무역영어자격증을 획득했습니다. 내친 김에 힘을 내어 몇 년 더 노력해서 한국외국어대학교 대학원 영한 동시통역학과에 합격했습니다. 졸업 후 대통령의 위성 통역 등 국제적으로 활동했고요. 현재 칠순을 앞둔 나이에도 강의를 계속하고 계십니다.

저는 아이들의 조기 영어교육에 관한 학부모 강연을 한 해에 140회 이상 한 적도 있다 보니 학부형들의 질문을 줄줄 외울 수 있을 정도입니다. 대부분은 비슷한 고민들로 비슷한 질문들을 합니다. 한데 간혹 이런 기가 막힌 질문을 받을 때가 있습니다.

엄마 : 선생님, 우리 애가 파닉스를 자음까지만 하고 안 하려고 해요.
문쌤 : 애가 몇 살인데요?
엄마 : 26개월이요…….

예? 26개월 된 애를 '공부'를 시키고 있다고요? 그래서 앞서 가게 한다고요? 한숨이 푹 나옵니다. 그리고 언제나 제 대답은 '좀 냅둬요!'입니다.

그걸 어떻게 내버려 두는지, 그래도 되는 건지, 그렇다면 어떻게 교육을 하란 건지… 등 학습지도상의 미주알고주알은 다 차치하고 일단 이것만은 기억해 주십시오. 위의 예에서와 같이 '조기교육 없이도 영어는 잘할 수 있다'는 겁니다. 시작이 늦었다고 영어가 되지 않는 것이 아닙니다.

아무리 빨리 시작해도 '어학 공부'가 가지고 있는 '결정적 장벽'을 넘어서지 못하는 대다수는 결국 영어와 담을 쌓게 되는 것(영어도 그들에게 담을 쌓지만)입니다. 언제 시작하든 그 '장벽'을 넘어설 수만 있다면 외국어는 결코 힘들지 않습니다.

그 장벽이 무엇인지는 차차 밝히기로 하고 우선 시작하는 이 글에서는 거의 모든 한국 사람들을 조바심으로 몰아넣는 의문! '어릴 때 가르치지 않으면 영원히 뒤처지는 건 아닐까?'라는 의문에 명확한 대답을 드리고자 합니다.

'그렇다면 내버려 두란 이야기냐? 방치한다고 문제가 해결되진 않지 않느냐? 나도 아이들을 들들 볶긴 싫지만 내 아이가 뒤처지는 것은 정말 생각하고 싶지 않다.' 등등의 의문이 퐁퐁 솟아오르실 겁니다. 앞으로 그런 의문들을 하나하나 차근차근 풀어가 보도록 하겠습니다. 일단 이 말씀을 드리고 시작하겠습니다. 여러분의 아이가 몇 학년이든, 몇 살이든 결코 늦지 않았습니다.

엉터리 조기교육

'대한민국 1%'라고 써진 전단지를 본 적이 있습니다. 대입 학원의 것이 아니었습니다. 중학생 대상의 것도 아니었고요. 초등생용? 아닙니다. 그것은 유치원생을 위한 영어교육을 한다는 어느 교육기관의 것이었습니다.

흠… '단 1%만 간다는 서울대에 가기 위해서는 유치원 때부터 소위 말하는 엘리트를 만들자는 말인가…?' 생각하다 보니 어디서 본 이런 통계가 떠올랐습니다. 현재의 성적이 전체의 3%(숫자상 명문대 진학권) 내에 드는 중3 학생 중 고3이 되어서 소위 말하는 '명문대'에 가는 사람은 그중 3분의 1에 불과하다는 것. 그러니까 그…만큼 어렵다는 뜻도 되고, 그래서 우리는 아이를 꼬맹이 때부터 닦달을 해야 한다고 믿기 쉽지만, 심호흡을 한번 하고 차분히 생각해 보면 뭔가 좀 이상한 구석이 있음을 발견하게 됩니다. 중3 때든 언제든 전국에서 3%에 든다면 그건 대단한 일입니다. 그런데 그렇게 잘하던 학생들 중 고3 때 사라져 버린 나머지 3분의 2는 어디로 갔을까요. 나머지 3분의 2를 새로이 채운 아이들은 어떤 학생들일까요. 중3과 고3, 3년 사이에 이렇게 큰 변화가 있었는데, 그렇다면 저 위에서 언급한 '유치원 시절의 1%'에 해당하는 엘리트들의 미래를 확신할 수 있는 걸까요? 대답 대신 여러분께 이런 질문을 드리고 싶습니다. 한번 잘 생각해 보십시오.

'초등학교 때 전교 일등 하던 친구, 혹은 '나'는 지금 어떻게 되어 있는가…?'

우리는 '초중고 전학년에 걸쳐서 전교 1등을 놓친 적이 없는 수

재'들의 전설에 현혹된 나머지 '사라져 간 그 많은 유년기의 수재들'
은 기억하지 못합니다.

대학 입시는 마라톤이며 결국 가장 좋은 성과를 내는 이들은 '뒤
로 갈수록 힘이 붙는' 아이들이란 사실을 아는 사람은 다 압니다.(뭐,
초지일관의 천재들은 있습니다만, 저를 포함한 우리 대다수가 그런 사람이
아니란 건 가슴에 손을 얹고 인정합시다.)

물론 대학입시조차도 성공의 기준이 되지 않으며, 인생의 성패(그
저 세상적 잣대를 적용한대도)는 그야말로 40대, 50대에 갈리는 것이
사실이라면, 그 '뒤로 갈수록 잘되는' 대기만성형 인재들의 유년기는
도대체 어땠을까요. 그들이 전부 소위 '엘리트적 소수'에 들었냐고
묻는다면 저는 '절대다수는 그렇지 않았다'고 말하겠습니다. 갈 길은
1만 킬로미터인데 이제 첫 1킬로미터 구간에서 앞서 나가는 선수에
게 확실한 미래가 펼쳐질 거라고 믿는다면 그건 몰라도 한참 모르는
말씀입니다.

조기교육은 '좋은 것'입니다. 하지만 과장되고 섣부른 조기교육에
대한 맹신은 위험합니다.

1. '무조건 1등' – 성적 위주로 '앞서기'만을 강조하는 교육
2. '무조건 열심히' – 나이에 걸맞지 않은 '학습량'을 강제하는 교육
3. '무조건 미리미리' – 선행학습의 무분별한 강요

특히나 엘리트만을 지향하는 위와 같은 '엉터리 조기교육'은 더더

욱 위험합니다. 아이의 미래를 망쳐 버리니까요. 좀 무서운 말씀을 드리자면 만 7세 이하의 초등 저학년에게 '미리미리, 열심히, 앞서 가기' 위주의 영어교육을 시키다 보면 아이를 '영원히 영어를 증오 하는 자'로 만들어 버릴 확률이 아주아주 높습니다. 억측이 아닙니 다. 제가 교육현장에서 지난 25년간 수도 없이 봐 왔습니다. 부모들 이(정확히는 주로 엄마들이) 아이의 영어에 어떻게 저주를 걸어 아이 가 외국어 학습에 관한 한 엄마와 마찬가지로 '망해 버리는지'를요. 열심만으론 되지 않습니다. 지혜로워야 합니다.

위험한 조기교육

'엉터리 조기교육'에 이어 이번에는 한 발 더 나아가 '위험한 조기 교육'에 대해 생각해 보겠습니다.

몇 년 전 도쿄에서 일어났던 다소 극단적인 사건을 먼저 보겠습니 다.

"어머니는 형에게 숫자를 가르치고 그것을 1에서 10까지 쓰게 했어요. 여섯 개를 틀리면 뺨 여섯 대, 다섯 개를 틀리면 뺨 다섯 대… 그런 식으로 숫자를 완벽히 쓸 때까지 계속 형의 뺨을 때렸 어요…."

이 증언은 도쿄의 대로 한복판에서 묻지마 살인으로 행인 일곱 명을 칼로 찔러 죽인 범인의 동생이 어린 시절 엄마의 '조기교육'을 떠올리며 대답한 것이라고 합니다.

어린 시절의 강압적 조기교육이 한 사람의 인생에 얼마나 무서운 결과를 초래하는지를 단적으로 보여 준 사건이었죠.

뭐, 이렇게 반응하실 수도 있습니다. '아니, 우리 중에 그렇게 아이의 뺨을 때려 가면서 가르칠 부모가 얼마나 된다고….' 문제는 폭력 그 자체라기보다는 '강압'이라는 폭력적 분위기입니다.

부모의 강압적 조기교육이 아이의 뇌에 어떤 영향을 끼치고, 결국 아이에게 어떤 결과를 초래하는지는 뒤에서 좀 더 자세히 이야기하겠습니다.

모국어를 해치면 불행한 아이가 된다

안타까운 이야기 한 토막. 오래전 어떤 호주 교포 청년과 밥을 먹는데 그가 술을 한잔 하더니 뜻밖의 고백을 들려주었습니다. "전 한국말을 하지만 한자말이 나오면 잘 끼어들질 못하겠어요. 알아는 듣겠는데 수준에 맞춰서 이야기를 이어가지 못하니까요." 거기까지는 교포들에게 곧잘 듣는 이야기라 별로 놀라울 게 없었는데 문제는 그 다음이었습니다.

"그런데 저는 호주 사람들이 어려운 이야기를 할 때도 못 끼어들어요…." 응?!!! 이게 무슨 말인가? 초등학교 2학년 때 이민을 갔다는 '교포' 아닌가. 그런데 어려운 이야기에 못 끼어든다니…? 그러니까 말인즉슨 그는 어학적으로는 '국제미아'라는 것입니다. 그의 머리 속에는 보나마나 이런 생각은 영어로 하는 것이 편하고 저런 말은 한국어로 하는 것이 편한 뒤죽박죽의 세계가 펼쳐져 있을 거란 생각에 측은한 마음마저 들었습니다. 그 어느 언어에도 확실히 속해 있지 못하다면, 그 어느 '세상'에도 확실한 소속이 없다는 말이니까요.

초등학교 때에 이민을 갔다는 청년에게도 이런 일이 일어났는데, 유치원 수준의 아이에게 한국어의 '판'을 흔들어 놓으면 어떤 일이 발생할까요.

어학교육에 관하여 이민 가족의 면면을 살펴보면 대체로 세 부류로 그 성향(상황)이 나뉩니다. 첫째는 엄마 아빠가 영어를 잘하지 못해서 아이가 학교에서는 영어로 살고, 집에 와서는 한국어로 사는

경우, 둘째는 엄마 아빠가 영어가 좀 되는 통에 '아이의 영어학습을 돕는 차원에서' 집에서도 영어를 써 주는 경우, 세 번째는 엄마, 아빠는 영어를 쓸 능력이 되지만 아이에게 모국어를 잊지 않게 하기 위해 집에서 한국어를 쓰는 것은 물론 국어책까지 가져다 놓고 한국어를 따라가도록 교육을 시키는 경우입니다.

어떤 집이 아이의 미래를 위해 가장 훌륭한 교육을 하고 있는 걸까요? 네, 예상대로 세 번째 경우입니다. 그렇다면 가장 비극적인 결과를 초래하는 경우는? 두 번째입니다. 아이를 돕는다고 영어를 썼지만 아이는 별반 훌륭하지도 않은 한국인 부모의 영어로부터 그다지 도움을 받지도 못할 뿐더러 조금만 머리가 커지면 이상한(?) 영어를 하는 부모를 부끄럽게 여기고 무시하기 십상입니다.

첫 번째 경우는 그래도 한국어를 조금은 하는 사람이 되어서 나중에 자발적으로 '뿌리'를 찾아 나서고 모국어 공부를 하면 나아지는 경우입니다. 제가 본 청년은 이 세 가지 중 바로 두 번째 경우였습니다. 그 청년은 사실상 언어적으로 '국제미아'가 되어 있었고 한국에서도, 영어권 국가에서도 고도의 언어를 구사하는 직업은 가지기 힘든 안타까운 경우였습니다.

제가 드리고 싶은 말씀은 간단합니다. 아이에게는 '국적'이 있어야 합니다. 서류상의 이야기가 아니라 그 아이의 머리 속을 구성하는 언어에 관한 이야기입니다. 아예 외국 사람으로 외국에 살며 그곳에서 결혼하여 완전히 한국인의 정체성을 잃게 만들려는 생각이 있다면 몰라도 그렇지 않다면 아무리 영어공부가 급해도 '국어'가

최우선입니다.

영어는 외국어이고 모국어를 제대로 못하면 결국 어떤 외국어도 잘할 수 없다는 거 아시죠?

그렇다면 시간이 한정된 아이들, 눈떠 보면 훅 하고 자라나 있는 아이들에게 언제 모국어 교육 하고, 언제 외국어 교육을 한단 말인가 하며 망연해하는 부모님들을 위해 아주 간단한 현실적 조언을 드리도록 하겠습니다. 우선 다음의 명제를 기억하시기 바랍니다.

모국어가 우선이라는 말과 '모국어가 완성될 때까지 외국어를 시작하지 말라'는 말은 같은 말이 아니다.

어린아이가 자신이 배우는 말을 모국어로 받아들일 것인가, 외국어로 받아들일 것인가는 대체로 아래의 두 가지 요인에 의해서 결정됩니다.

1. 대부분의 시간을 어떤 언어를 말하며 보내는가
2. 부모 등 가장 '친한' 사람들이 어떤 말을 쓰는가

모국어만이 가지는 중요한 기능 중 하나는 별 생각 없이도 섬세하게 감정과 생각을 표현할 수 있다는 점입니다. 그러니까 '편하게' 구사한다는 뜻인데 그것은 아이가 어릴 때 대부분(전부는 아니어도)의 시간을 어떤 언어에 젖어 있는가, 그리고 자신의 솔직한 감정을 표

현할 수 있는 대상(부모 등)이 어떤 언어를 구사하는가에 의해 결정된다는 것입니다 .

이런 점에서 우리는 두 가지 귀중한 결론을 얻을 수 있습니다. 첫 번째는 아이가 외국어에 어릴 때부터 노출되는 것을 두려워할 필요는 없다는 것, 하지만 그 노출 정도나 시간이 아이 일상의 대부분이 되게 하면 아이는 혼란을 일으킬 수 있다는 것입니다. 예를 들어 하루에 4시간 영어 유치원에 가 있는 정도는 괜찮습니다. 하지만 집에 돌아와서도 계속 영어를 사용하도록 강요한다면 아이는 사는 곳이 한국이어도 '외국인'으로 자라날 것입니다. 아니, 그 영혼이 국적을 상실하게 될 것입니다. 하지만 하루 몇 시간 정도는 영어로 생활하게 하고 나머지 시간은 모두 정확한 한국어를 구사하게 한다면 '영어를 잘하는 한국인'으로 확실한 모국어를 구사하는 행복한 아이로 자랄 것입니다.

두 번째는 부모의 역할이 중요하다는 것입니다. 엄마나 아빠가 항상 영어를 쓴다거나 하는 것은 주의가 필요합니다. 부모 모두 영어를 아이에게 사용하려 한다면 아이는 앞에 예를 든 청년과 같은 미래를 맞이할 위험성이 아주 높습니다. 적절한 타협안이 있다면 엄마나 아빠 둘 중 한 사람이 영어를 사용해 주는 것인데 이것도 엄격한 원칙을 지켜 주어야 모국어가 손상당하지 않습니다.

대다수의 우리 부모님들처럼 집에서 영어를 사용하지 않거나 제한된 정도로만 사용하는 방법도 있는데 이런 경우는 크게 문제가 되지 않습니다.

그러나 아이에게 '영어로 말하는 것은 훌륭한 것이고 한국어는 영어에 비해 열등한 것'이라는 가치관을 은연중에 주입하는 것은 매우 위험합니다. 이럴 경우 아이는 영어를 잘하지도 못하면서 한국어에 능통한 것에 수치심을 가지고 자라나게 될 것입니다.

자, 듣고 보니 끄덕이게는 되지만 그래도 실천을 하자니 좀 복잡하다고 느끼실 겁니다. 그 세세한 실천법에 대해서는 차차 풀도록 하겠습니다.

선행학습, 잘못하면 다시는 일어서지 못한다

'선행학습'으로 대표되는 '앞질러 가기 경쟁'의 광풍이 온 나라를 뒤덮고 있는 것 같습니다. 초등학생이 중학생 교과서를 공부하고 중학생은 고3 수학을 하고 있습니다. 하지만 무조건적인 '앞서 가기'는 굉장히 무섭고 위험한 일이 될 수가 있습니다. 왜 그럴까요. 한 가지 예를 들어 차분히 살펴보겠습니다.

창수는 7살짜리 꼬마입니다. 창수의 영어공부를 위해서라면 만사를 제쳐 두고 뛰는 엄마 덕에 창수는 벌써 중학교 3학년들이 공부한다는 어려운 단어를 외우고 있습니다. 예를 들어 그 단어는 다음과 같은 것들입니다. destroy(파괴하다), demolish(몰살하다), devastate(황폐화시키다)…. 쿡 찌르면 나올 정도로 달달 외우고 있을 뿐 아니라 천재인가 싶을 정도로 이런 단어를 많이 알고 있습니다. 웬만한 대학생보다도 낫다고 주위에서는 '영재'라고 칭찬이 자자하고 엄마는 그런 창수를 늘 흐뭇한 표정으로 지켜봅니다. 과연 창수는 어떤 미래를 맞이하게 될까요?

여기서 잠깐 인간의 뇌가 성장하며 어떤 것들을 학습하고 수용해 가는지에 대해 잠깐 이야기를 해 보겠습니다. 인간의 뇌는 그 연령에 따라 주로 예민하게 인지하는(수용하고 받아들이는) 정보의 종류가 아주 다릅니다.

크게 4단계로 나뉜다고 보면 되는데 우선 최상위의 어른들의 경우(여기서 어른이라 함은 만 13세 청소년 이상을 뜻합니다)는 구체적인 것 (눈에 보이는)들에 대한 정보뿐 아니라 추상적인 개념(사랑, 소외, 박탈… 같은)들을 받아들이고 정리하고 또 그런 것들로 사고합니다. 새로운 것을 받아들이려면 '합리적인' 설명이 있어야 하며 그렇지 않으면 받아들이기를 거부합니다.

다음은 만 8~12세 그룹인데 대체로 초등학교 3학년에서 중학교 1학년 정도라고 보면 됩니다. 이 연령대의 아이들은 아주 어린아이와도 어른과도 다른 특징을 보이는데 그것은 '실용적'이라는 느낌이 들지 않으면 받아들이지 않는다는 것입니다.

문법이 어쩌고 하는 공부는 이들에게는 먹히지 않는다는 것이지요. 어리고 미성숙해서 그런 것이 아니라 그들의 '뇌'가 그런 고도로 추상적인 것을 받아들이기보다는 더 '생활적'이고 '실용적'인 것을 받아들이고 싶어 하는 거죠.

마지막으로 우리가 이 책에서 집중적으로 조명하고 있는 7세 이하의 '아동'은 어떨까요. 그들의 뇌 성향을 단 두 마디로 요약하면 바로 다음과 같습니다.

concrete, sensory

그러니까 sun, moon, car, mom, dad처럼 구체적(concrete)이든지, 아니면 crush(과자 등 딱딱한 것을 부수다), squash(쥐어짜듯 누르다), smash(후려쳐 보내다)처럼 오감을 자극하는 감각적(sensory)인 것이 아니면 아무것도 받아들이지 않는다는 말입니다.

추상적 언어	구체적·감각적 언어
엄마가 식료품을 구입하러 시장행 버스에 탑승했는데 버스가 앞에 가던 버스와 접촉사고를 일으켜서 엄마가 부상을 당했다.	엄마가 맛있는 거 사러 시장 가려고 빵빵차를 탔는데 그 빵빵차가 앞에 가던 차하고 쾅 해 가지고 엄마가 아야 했다.

여기서 주로 한자어로 표기되어 있는 식료품, 구입, 시장행, 탑승, 접촉사고, 부상 등은 사실상 눈에 확연히 보이거나 오감으로 느껴지지 않는 '추상적 언어'이고 7세 이하의 아이들은 이런 언어를 근본적으로 아예 '감지'하지 못한다는 말입니다.

예를 들어 엄마가 아이와 놀아 주다가도 갑자기 아빠에게 "아, 여보, 이번 달은 '예산초과'라 '적자'가 날 것 같아요" 같은 추상적 어휘가 담긴 이야기를 시작한다면 아이는 즉각적으로 집중력을 잃고 딴짓을 하기 시작할 것입니다. 그것은 모든 '추상적'인 이야기들이 그 시기의 아이들에게는 라디오 주파수가 안 맞을 때 나는 '소음' 이상도 이하도 아니기 때문입니다. 그들은 전혀 알아듣지 못하고 있습니다. '접수' 자체가 되지 않는다는 것이죠.

그런데 여기 아주 중요한 사항이 있습니다. 그들의 뇌가 '추상적'인 것들을 받아들이지 않는 것은 그들이 '미성숙'하기 때문이 아닙니다. 그들에게는 그들 나이에 맞는 '더 중요한 일'이 있기 때문입니다. 그것은 바로 '자신이 평생을 살아갈 세계의 물리적 환경에 완벽히 적응하는 일'입니다.

아이는 부단히 돌아다니며 만져 보고, 느껴 보고, 맛보아야 합니다. 그래야 어른이 되어서 괜히 여기저기 무릎을 부딪치고, 커피잔을 엎지르고, 하이힐을 신고 가다가 혼자 길거리에 자빠지는 일이 없게 됩니다. 우리 몸을 주위 환경에 맞추어 조율coordination하는 것, 그것은 자동으로 되는 것이 아니라 다 이렇게 만 7세 이전까지 부단히 환경에 맞추어 가면서 그 소프트웨어를 완성해 가는 것입니다.

자, 다시 이야기의 시작으로 돌아가 보겠습니다. '선행학습'이 아이를 망칠 수도 있다고 제가 말씀드렸지요. 아니, 그럴 확률이 아주 높다고 말씀드렸습니다. 왜 그런지 벌써 눈치를 채지 않았나요? 만 7세 이하는 영어를 해도 concrete(구체적 사물에 대해), 그리고 sensory(오감을 자극하는) 소재로 하지 않으면 아무 소용 없습니다.

이렇게 말씀드리면 분명히 '우리 아이는 달라' 하는 분들이 계실 겁니다. 하하, 하지만 제가 냉정하게 돌직구를 하나 날리겠습니다. '다른 아이'는 분명히 존재합니다. 하지만 100명 중 1~2명 정도입니다. 우리 아이 중 대부분은 '영재'가 아닙니다. 그리고 '인재'가 되기 위해 '영재'일 필요는 전혀 없습니다. 어릴 때 '신동' 소리 듣던 아이들 다 어디 갔습니까. 그리고 탁월한 어른이 된 사람들 중 도대체 몇이나 어릴 때 '영재' 소리를 듣고 자랐습니까.

중요한 것은 그 아이의 머리가 '요구하는' 학습을 해 주어야 한다는 것입니다. 아이가 재미있어하는 것은 물을 끼얹고, 이불을 들추고, 카드를 뒤집고, 물건을 쌓는 것인데, 그래서 영어를 배우더라도 그런 것을 하면서 배워야 하는데, 중학교 언니 오빠들의 교재를 가져다가 '선행학습'을 하고 있다면 이것은 잘못해도 정말로 크게 잘못하는 것이란 말씀이죠.

이것은 단순히 아이의 영어학습이 효과적이지 않다는 얘기가 아닙니다. 아이가 자신의 '뇌연령(이지 발달 정도)'에 맞지 않는 학습을 억지로 할 경우 엄청난 부작용을 겪을 수 있다는 겁니다. 그냥 단순히 말해, 아이는 어릴 적의 어거지 '선행학습'으로 영원히 상처를 입고 평생 영어라면 고개를 돌려 버리게 될 가능성이 아주 높다는 것입니다.

선행학습의 열풍은 무엇이든 남들보다 먼저 가서 '선점'하지 않고는 직성이 풀리지 않는 한국의 척박한 문화와도 관계가 있습니다. 하지만 '선점'에는 성공하고도 정작 마라톤보다도 긴 '영어학습 대장정'에서 얼마 못 가고 지쳐 떨어져 다시는 일어서지 못하는 아이로 만들고 싶지 않다면 '속도'에 온 힘을 기울이는 방법론에서, 같은 에너지를 아이의 뇌가 필요로 하는 정보를 제공하는 것에 쏟아 붓는

'깊이'의 방법론으로 바꿔야 합니다. 더욱 구체적으로 말하자면 앞에서 말씀드린 것과 같이 하면서 '오감으로 배우는' 방법만이 우리 아이들을 살리는 영어공부가 된다는 말씀이지요.

아이에게 저주를 거는 사악한 교육자들

훌륭한 교육자도 많습니다. 하지만 정말 말도 안 되는 '장사꾼'도 많지요. 어린이를 대상으로 하는 교육업에 특히 넘쳐 납니다. 어른을 대상으로 하는 외국어 학원이나 책 등은 그나마 괜찮습니다. 어른들은 그래도 자신이 뭘 원하는지 제대로 알고 있고, 또 그런 분별을 통해 소위 '교육상품'에 상처받는 일도 적습니다.

하지만 유아들은 문제가 다릅니다. 그 이유는 다음의 두 가지입니다. 아이들은 너무나 여립니다. 아이 때에는 아이에게 맞는, 아이가 즐거워하고 편하게 생각하는 아주 좋은 방법이 있습니다. 그런데 그것을 무시하고 어른의 욕심으로 어른 식으로 무식하게(?) 강요하게 될 때 아이는 실질적으로 크나큰 '상처'를 받게 됩니다. 이것은 그냥 문학적 표현이 아니라 실제적인 사실입니다. 그러니까 흔한 말로 '트라우마'가 생겨 평생 영어를 멀리하게 되는 것이지요. 저주가 걸릴 수도 있다는 것입니다.

또 하나는 어른들이야 13세 이후 80세에 이르기까지 장구한 세월 동안 학습을 받아들이는 뇌의 방식이 변화하지 않지만 4~7세의 어린이는 인생에 있어서 딱 이 시기에만 뇌가 특별한 능력을 갖게 됩니다. 그때에는 어른이 배우는 것처럼 배우지는 못하지만 또 어른들은 죽었다 깨어나도 배우지 못하는 '천재적' 방식으로 모든 것을 배워 나갑니다. 잘못된 교육은 그 3~4년간의 '절호의 찬스'를 놓치게 합니다.

잘못된 어린이 영어교육을 정리하면 이렇습니다.

'아이들에게 맞지 않는 방식으로 교육하여 상처를 주고 생의 귀중한 때를 날려 버리게 해 평생 영어를 싫어하게 만드는 것!'

도대체 누가 그런 나쁜 일을 한다는 말입니까? 놀라지 마십시오. 적어도 우리나라 유아 영어교육의 절반은 그렇습니다. '엘리트교육', 혹은 '영재교육'의 이름으로 오늘도 우리 불쌍한 꼬마들이 외우기를 강요당하고, 어울리지도 않게 문법을 배우고 있고 (계속 설명하겠지만 문법 같은 고도추상의 지식은 초등학교 3~4학년 이전에는 반드시 독이 됩니다.) '학습성과'를 드러내기 위해 죽도록 쓰기를 반복하고, 이해도 잘 안 되는 그림책을 보고 글을 '읽는 척'하고 있는 것입니다. 왜 그러고 있을까요. 이유는 분명합니다. '엄마들은 불안해하거나, 혹은 자랑하고 싶어 하고, 학원들은 그 불안감이나 허영을 최대한 강화시켜야 장사를 할 수 있기 때문'입니다.

물론 그렇지 않은 양식 있는 교육자도 많다고 말씀드립니다. 하지만 아쉽게도 한국의 상황은 '사악한 교육'이 극소수라고는 절대로 말할 수 없습니다. 아이들 중 절반은 이미 멍들고 있는 것입니다. '공부 좀 열심히 시키려고 하는데 무슨 말이 그렇게 많냐, 모름지기 공부라고 하는 것이 참아 가면서 하는 것이지 그냥 쉽게 쉽게만 할 수는 없는 거 아니냐, 현실을 몰라도 한참 모른다'라고 반론을 제기할 분들이 있을 것입니다. 하지만 저는 다음과 같이 답하고 싶습니다. 차분히 읽어 주십시오.

가만히 생각해 봅시다. 옛날, 그러니까 1980년대에 우리의 부모님들은 우리의 영어공부에 관심이 없었을까요? "흠… 뭐 지금처럼은…"이라고 대답할 수 있겠지만 분명한 사실은 그때도 한국 사람의 영어 콤플렉스, 혹은 영어 욕구는 대단했습니다. 그럼 90년대는요? 물론이지요. 그 십 년 후도, 그리고 지금도 한국에서 '영어를 잘한다는 것'은 단순히 그 어떤 과목의 점수가 높다는 것이 아닙니다. 그것은 권력이고 로망입니다. 언제나 그래 왔습니다.

그런데 과거 우리들의 성장기와 비교해서 지금 사람들의 영어실력은 어떻습니까. 굉장히 나아진 듯 보이고 또 요즘 젊은이들은 영어를 못하는 사람이 없는 것 같아 보입니다. 하지만 영어교육의 현장에서 지금도 대학생과 직장인을 매일 가르치고 있는 제가 단언합니다. 겉보기와는 다르게 영어를 균형 있게 (말하기, 듣기, 읽기, 쓰기를), 쓸 만하게 (영어로 업무가 가능한 정도로) 잘하는 사람은 예나 지금이나 눈 씻고 찾아봐도 별로 없습니다. 그저 대학생이라면 100명에 한 명 정도이고 일반인이라면 1,000명에 하나 나올까 말까 합니다. 이거 좀 이상하지 않습니까. 그 옛날부터 그토록 '선행학습'을 외치고, 그토록 우리 주위에 '엄친아, 엄친딸'이 많았는데, 그렇게나 영어공부를 씩씩하게 앞서 해 나가던 이들이 많았는데 정작 쓸 만한 글로벌 인재는 없어도 너무 없다니요. 제 말이 정 안 믿어진다면 주위를 둘러보십시오. 외국인과 막힘 없이 말을 나누며 '업무'를 볼 정도의 수준인 사람이 몇이나 되나요.

결론은 이렇습니다. '선행학습' 위주의 영어공부는 아이를 망칩니다. 마라톤 40킬로미터 구간에서 처음에 1킬로미터쯤 반짝 앞서 가게 하다가 이내 질려서 지쳐 떨어지게 만드는 겁니다. 영어와 영 이별하게 만드는 겁니다. 정말로 좋지 않은 방법입니다. 앞서 가는 것이 상책이 아닙니다. 자신의 연령에 맞게 공부하되 깊이 있게 하는 것이 정답입니다.

그럼 이제 어떻게 하면 좋을지 얘기해 볼까요.

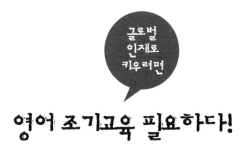

영어 조기교육 필요하다!

좀 더 근본적인 질문을 던져 봅니다. 이 질문은 어쩌면 이미 여러분의 마음속에 자리하고 있을 것입니다.

'영어 조기교육은 정말 필요한가?'

그러니까 남들이 다 하니까 불안해서 하는 조기교육 말고, 정말로 어학을 하는 데 그렇게 일찍부터 애를 들들 볶을 필요가 있을까? 나중에 배워도 자기만 열심히 하면 잘하게 되는 것 아닌가?
자, 제가 답을 드리겠습니다.

질문 : 영어 조기교육 필요합니까?

대답 : 네, 그렇습니다!!!

단, 한 가지 조건하에서만 위의 대답이 정답이 됩니다. 바로 '비교 우위를 위해서라면'이라는 조건입니다. 아직 제가 무슨 말을 하려는지 감이 잡히지 않을 겁니다. 나이가 들어서 외국어를 공부해도 잘할 수 있냐고 물으신다면 앞에서 말씀드린 것과 같이 100% 'Yes'입니다.

그렇다면 '조기교육이 필요하다'는 말은 또 뭐냐. 다음의 두 가지 조건을 원하시는 분들에 한해서 꼭 필요하다는 겁니다.

1. 아이가 Native와 같은 발음을 갖게 하고 싶다.
2. 아이가 영어뿐만 아니라 중국어, 일어, 불어 등 다른 외국어에도 능통하게 하고 싶다.

그래서 제가 '비교우위'를 언급한 것입니다. 언어 자체만으로 쓸 만하게 하는 것은 인간이라면 누구나 노력하면 할 수 있습니다. 하지만 그것을 얼마나 네이티브적으로 할 것인지, 또 국제화 시대를 살아가는 우리의 아이들이 영어뿐만 아니라 다른 언어까지도 잘 구사하게 될지는 영어가 얼마나 어릴 때부터 '체질이 되는가'와 밀접한 관계가 있습니다.

사실 저는 십 수년 전 중국에 어학연수를 가기 전까지는 조기교육에 대해 부정적인 사람이었습니다. 왜냐하면 저조차도 별다른 조기교육 없이 중학교 3학년 때부터 영어를 열심히 해 여기까지 이른 사람이고, 또 평소에 그건 정말 개인이 하기 나름이라고 생각해 왔기 때문이었습니다. 앞에 말씀드린 것처럼 '영어 하나 잘하기'라면 지금도 그 소신은 변함없습니다.

하지만 중국 유학 시절 (정확히 유학까지는 아니고 6개월간의 중국어 어학연수였습니다만) 만났던 유태인 학생들 때문에 조기교육에 대한 제 생각은 코페르니쿠스적 전환을 맞이하게 되었습니다.

오래전이지만 당시에도 중국어를 배우러 세계 각국에서 온 학생들이 많이 있었습니다. 그런데 우연찮게 유태인 학생 몇을 사귀게 되어 그들의 파티에 초대되어 갔습니다. 20~30명의 세계 각국에서 온 유태인 학생들이 삼삼오오 짝을 지어 이야기를 나누는 전형적인 서구식 파티였는데 저는 평생 처음으로 '꾸어다 놓은 보릿자루' 같은 심정을 느꼈습니다. 왜냐하면 당시 영어, 일본어, 그리고 약간의 중국어를 하던 저지만 모여서 이야기하는 그룹마다 각각 다른 나라 말을 쓰고 있어서 끼어들기가 쉽지 않았고 더더군다나 기가 막힌 것은 같은 그룹에서도 계속 한 언어를 쓰는 것이 아니라 여러 나라 언어로 획획 통용 언어가 바뀌고 있었기 때문입니다.

예를 들어 제 곁에 있던 친구들은 불어로 이야기하고 있었는데 (잘은 못해도 그게 불어인 줄은 제가 알아들으니까요) 조금 지나자 갑자기 독어로 획 바꾸는 겁니다. 같은 구성원들인데 아무렇지도 않게 그렇게 하는 것을 보고 많이 주눅이 들었습니다. 결국은 친구들이 제가 그걸 불편해한다고 느꼈는지 영어로 말을 바꾸어 저를 '끼워' 주었죠. 제가 끼어 있는 상태에서도 그들은 다시 중국어로 말을 바꿨습니다. 가만, 그러니까 지금 이 친구들은 아까부터 불어, 독어, 영어, 그리고 중국어로 계속 갈아타고 있었던 것이죠.

제가 유태인 친구에게 물었습니다.

"How many languages do you speak?"(너 몇 개 국어나 하니?)

그가 잠시 손가락으로 세어 보더니 (자기가 몇 개 국어를 하는지도 모를 정도라니…. 상상이 가십니까?)

"Six?"

이렇게 말합니다.

"How could you do that?"(그게 어떻게 가능해?)라고 물어보는 제게 그가 들려준 이야기는 이렇습니다. 그는 독일 출신 유태인인데 그의 아버지는 프랑스 출신, 그의 어머니는 불가리아 출신이랍니다. 집에서는 두 부모가 다 자신의 나라 언어로만 이야기합니다. 학교에서는 독어가 통용되고, 수업은 영어로 하고, 방과후에는 유태인 학교에서 수업을 또 합니다. 유태인 학교에서는 히브리어를 씁니다. 그리고 중국으로 유학 와 있으니…. 그렇죠, 손가락으로 세어 볼 만합니다. 그리고 그것도 뭐 그 나라 인사말이나 하는 정도가 아니라 '물건을 팔 수 있을 만큼' 그 나라 말을 합니다. 이태원에서 가격 흥정하는 정도를 의미하는 것이 아니라 '비즈니스가 가능할 정도'를 뜻하는 것이니 보통 잘하는 것이 아닙니다.

제가 또 물었습니다.

"That's unbelievable! You must be a rare case even

among the Jewish people, right?"(넌 유태인 중에서도 드문 경우지?)

그는 방 안의 여기저기의 친구들을 가리키며 "He speaks 7. There she speaks 5. This guy speaks…." 이런 식으로 자신의 경우가 결코 드문 것이 아님을 말해 주었습니다. 유럽 출신 유태인이라면 기본이 3개 국어랍니다. 단, 오로지 예외가 미국 출신 유태인들입니다. 원래 미국인들은 외국어 공부를 게을리하기로 유명하지요. 뭐, 어딜 가도 '현지적응'이 필요 없는 강대국이니까요.

어쨌든 저는 '아아… 이래서 조기교육을 말하는 거구나!' 하는 깨달음을 그때 얻었습니다. 책의 서두에서부터 저는 '조기교육의 문제점'을 집중적으로 부각해서 이야기해 왔습니다. 하지만 제가 정말 말하고자 했던 것은 '하지 말자'가 아니라 '올바르게 하자'입니다. 선불리 급한 마음에 '한국식으로' 덤비면 아이가 엉망이 되지만 이들처럼 제대로 된 방법으로 지혜롭게 이끌어 가면 누가 압니까, 당신의 자녀가 나라를 구하는 인물이 될지.

자, 지금부터 더 구체적으로 아이의 미래를 결정할 '영어 조기교육'에 대해 알아보도록 하겠습니다.

우리가
영어를 못하는
근본적인 이유

우리는 영어좀비다

어떤 공부도 다 마찬가지이지만 특히 어학은 의무감이나 성실함
만으로 할 수 있는 것이 못 됩니다. 그냥 계획을 세우고 어학 공부를
하겠다는 것은 불 없이 요리를 만들겠다는 것과 같습니다. 영어는,
'불이 붙어야' 합니다.

온 사방의 영어 좀 한다는 (그러니까 말까지 쌀라쌀라 잘한다는) 사람
들을 붙들고 물어보십시오. '당신은 성실했냐'고. 그들의 대답은 한
결같이 이렇습니다. "영어에 미쳤었어요!" 그러니까 사시사철 24시
간 영어를 달고 있는 이유도 성실하고 틀림없어서가 아니라 '미쳤
기' 때문이고 길 가는 외국인에게 다짜고짜 말을 거는 이유도 '이렇
게 해야 영어가 는다더라'라는 무슨 이성적 사고 때문이 아니라 '불
이 붙었기' 때문이라는 겁니다. 불이 붙지 않고서야 어떻게 영어학

원을 2년씩 계속 다니겠습니까.(저는 이 '불'이 10년간 활활 타올랐습니다. 아직도 안 꺼졌는지 모릅니다.)

이 '불'의 정체가 무엇인지는 제가 차근차근 과학적으로 뒤에서 설명을 할 터이지만 어쨌든 이렇게 미친 듯이 영어를 좋아하고 하려는 마음이 없으면 진짜 언어로서의 영어공부는 처음부터 물 건너 간 것이 됩니다.

아이들도 다르지 않습니다. "와~ 영어공부다!" 이렇게 반응하지 않는 아이가 어른이 될 때까지 꾸준히 영어를 해서 결국 어학 인재가 되는 일은 절대로, 절대로 없습니다.

그렇다면 우리 엄마, 아빠들의 지상과제가 무엇일까요? 영어를 '잘하게' 하는 걸까요? 점수를 '올리게' 하는 걸까요? 좀 더 많이 '외우게' 하는 걸까요? 아닙니다. 그 무엇보다 '불을 꺼뜨리지 않는 것'입니다. '불'이 무엇입니까? '하고 싶어 하는 마음'입니다. 갖은 방법으로 재미를 느끼게 해야 합니다. 그리고 조금이라도 재미있어한다면 그 불을 종갓집 며느리처럼 목숨 바쳐 '꺼뜨리지 말고 소중히 지켜 내야' 합니다. 그것이 아이가 영어 인재가 되는 기나긴 여정의 첫 번째 과제인 것입니다.

잠시 우리 어른들의 이야기를 좀 해 보겠습니다. 우리는 어쩌다가 이렇게('영어만 아니면 내 인생이 이렇게 꼬이진 않았을 텐데…' 하며 자조하게) 되었을까요. 영어를 잘하는 사람들을 연구해 보면 '영어학습의 비법'이 나오듯 영어를 못하는 사람들을 연구하면 반대로 '망하는 비법'이 나옵니다. 잘하는 사람이 잘하는 이유는 백인백색이지만 못하는 사람들을 좀 연구하다 보면 그 이유가 오직 하나라는 것을 알 게 됩니다.

다음의 문답을 한번 봅시다.

> A : 왜 영어를 못하십니까?
> B : 재미가 없어서요.
> A : 왜 재미가 없지요?
> B : 못하니까요….
> A : 왜 못하냐니까요?
> B : 아, 재미가 없다고….
> A : 그럼 언제부터 재미가 없었나요? 처음부터?
> B : 아니, 그건 아니고….
> A : 그러니까 How are you? Fine, thank you 할 때부터가 아니라면 언제부터?
> B : 흠… 문법 나오고부터….

그렇습니다. 처음부터 영어와 담을 쌓은 사람은 없었습니다. 다들 어느 지점부터 갑자기 영어가 싫어진 것입니다. 그것이 언제냐? 대체로 다음과 같은 일을 겪고 난 후가 대부분입니다.

1. 나는 영어를 잘한다고 생각했는데 어느 날 문법 시험에서 50점 을 받았다. 그리고 그다음 시험에도, 또 그다음 시험에도 나는 충

격적인 점수를 받았다.

2. 어느 날 선생님이 나에게 영어 책을 읽으라고 시켰는데 학급 친구들이 내 발음을 듣고 다들 "와하하" 하고 배꼽을 잡고 뒹굴었다.

3. 문법도 발음도 어느 정도 따라갔으나 자꾸 반복되는 의미 없는 학습에 점점 흥미를 잃어 가서 중3 때 즈음에는 거의 영어와는 관계없는 사람이 되어 버렸다.

4. (혹은) 영어는 몰라도 영어 선생님이 너무 싫었다. 칠판 판서만 하고, 발음은 엉망이고 게다가 징그럽기까지….

공통점이 무엇일까요? 소극적으로 흥미를 잃어 갔건, 적극적으로 재미를 빼앗겼건 확실한 것은 '불이 꺼졌다'는 것입니다. 아니, 정확히 말하면 '불을 꺼뜨렸다'가 맞겠죠. 처음부터 불이 없었던 게 아님은 분명합니다. 사람은 누구나 (잘 안 믿으시겠지만) 언어 구사능력을 타고났고, 언어의 즐거움을 알고 있으며 (그렇지 않다면 우리 어머니들이 두 시간 동안 전화로 이야기해 놓고 '자세한 이야기는 만나서 하자'고 할 리가 없지 않습니까.) 그 언어를 통해 살고 있는 것이 사실이라면, 우리가 애당초 영어에 흥미가 없었던 게 아니라면 생의 어느 지점에서 '불을 꺼뜨리는 사건'이 생겼던 것이 분명합니다.

의욕의 불씨를 꺼뜨렸다면 우리는 학습의 심장을 잃어버린 것입니다. 좀비들이 살아도 살아 있는 것이 아니듯이 우리는 교실에 앉아 있어도 공부를 하고 있는 것이 아닌 상태로 돌입했던 것이지요.

그리고 우린 평생을 좀비로 살아 왔던 것입니다.

마찬가지 일이 우리의 아이들에게 일어날 수 있습니다. 영재교육으로 이 아이들이 얼마나 다른 사람을 앞서 가는가 하는 것이 문제가 아닙니다. 그거 좀 뒤쳐져도 상관없습니다. 무서운 것은 '불이 꺼지는 것'입니다. 하기가 싫어지는 것입니다. 무엇이 불을 끕니까. '상처'가 불을 끕니다. 무엇이 상처입니까. '감정적 트라우마' 혹은 '누적된 비호감'입니다. 우리 아이들의 '영어 미래'는 바로 여기 달려 있습니다. 엄마 아빠의 현명한 배려로 이것을 겪지 않으면 아이들은 건강한 영어 인재로 자라날 것입니다. 하지만 우리 모두가 경험했던 그리고 오늘의 비참한(?) 현실을 안겼던 것을 우리 아이들이 또다시 경험한다면 현재의 실력이 어디쯤 와 있건, 선행학습을 몇 년을 했건 간에 우리 아이들은 다시 우리의 전철을 밟게 될 것입니다. 좀 더 무섭게(?) 이야기하자면 바로 '나처럼' 된다는 것입니다.

그렇다면 감정적 트라우마를 어떻게 피할 수 있는지 구체적인 이야기로 들어가 보도록 하겠습니다.

영어에 등돌리게 할 비책

내 아이 영어를 죽이는 두 가지 방법

'살리는 방법'을 알려면 '죽이는 길'부터 알아야 합니다. 왜냐하면 우리가 소싯적에 영어에 대해 그렇게 '죽었기' 때문입니다.

우리는 우리 아이들의 영어 미래를 위하여 무엇이든 해 주려고 하지만 그런 열정이 종종 아이의 영어 불씨를 완전히 꺼 버리는 쪽으로 몰아 가고 있는 것은 아닌지 뒤돌아보아야 합니다…라는 추상적인 주장으로 끝내선 안 되겠기에 여기선 구체적으로 절대로 하지 말아야 할 일들을 열거하면서 반대로 어떻게 해야 할지도 함께 보여 드리도록 하겠습니다.

한 번에 죽이기
정서적 충격으로 상처 주기

아이의 영어공부 때문에 노심초사하시는 한 엄마의 상황을 들여다볼까요?

책방에 갑니다. 아이의 영어에 관심이 지극한 엄마는 책들을 죽 훑어봅니다. 영어 전문가는 아니지만 그래도 꼼꼼하게 책들을 체크하던 엄마는 일러스트레이션도 아름답고 영어도 그리 어려워 보이지 않는 데다 DVD까지 붙어 있는 책을 발견합니다. 엄마는 무리가 되는 줄 알면서도 아이의 미래가 달려 있다는 생각에 십 수만 원 하는 세트를 '질러' 버립니다. 책이 집에 도착했습니다. 아이도 호기심에 그림책도 열어 보고 DVD도 보고, CD로 되어 있는 음성 파일도 들어 봅니다. 그런데 거기까지입니다. 3일이 지나자 아이는 책도 쳐다보지 않고 CD를 틀어 놔도 딴짓만 하고 DVD를 틀면 TV 보겠다고 징징거립니다. 엄마는 답답해집니다. 아이를 붙들고 책을 펼치고 이것 좀 읽어 보라고 하고, CD를 틀어 놓고 좀 따라하라고 하고, DVD 앞에 억지로 앉혀 놓습니다. 아이와의 실랑이가 힘겨루기가 되고, 이런 시점에서 아빠도 엄마 편이 되어 주지 않고 "그러게 그런 짓을 뭐하러 했냐"고 합니다. 순간 부아가 치밀면서 엄마가 아이에게 외마디 소리를 지릅니다.

"이게 얼마짜린 줄 알아? 이 영어책 너 때문에 샀단 말야!"

그럼 똑같은 상황을 아이의 입장에서 한번 볼까요?

엄마가 외출했다가 들어옵니다. 뭐 재미있는 거 없나 두리번거리던 터라 엄마의 손에 들려 있는 커다란 박스가 궁금합니다. 박스를 뜯자 그림책이 나옵니다. 뭐라고 써 있기는 한데 한글이 아닌 것은 분명합니다. 엄마가 CD를 틀어 줍니다. 알아들을 수 없는 말이 나오고 가끔 알아들을 수 없는 노래도 나옵니다. 어쨌든 신기합니다. DVD를 틀었습니다. 〈뽀로로〉가 아닌 것은 확실하고, 뭐 딱히 〈라바〉처럼 웃긴 것도 아니고 뭐라고 지껄이기는 하는데 뭔진 잘 모르겠지만 여하튼 봅니다. 다음 날이 됩니다. 같은 소리가 들리고 같은 화면이 나옵니다. 엄마는 이유는 모르겠는데 물끄러미 바라만 보고 있습니다. 어제보다는 별로 재미가 없습니다. 또 며칠이 지납니다. 따분합니다. 뭐 새로운 거 없나, 아빠는 안 놀아 주시나 하는 생각뿐인데 같은 화면에 같은 DVD가 돌고 똑같이 못 알아듣겠는 CD가 돌아갑니다. 그림책은 집 안에 쌓여 있는 안 보는 그림책과 다를 것이 없어 보입니다. 이상하게 엄마가 화난 것 같아 보여 불안합니다. 갑자기 엄마가 나를 붙들고 책을 펼치고 읽으라고 합니다. 따라하라고 합니다. 어떻게 해야 할지 모르겠습니다. 엄마의 얼굴이 점점 붉어지고 있는데 아빠가 소파에 앉아 있다가 뭐라고 한마디 합니다. 엄마가 갑자기 나에게 외마디 소리를 지릅니다. 깜짝 놀라서 아무것도 들리지 않는데 엄마의 외침 속에 '……영어…' 하는 말이 들립니다. 영어는 무서운 건가 봅니다.

어떻습니까. 이 아이에게 '영어'라는 말은 어떤 의미와 느낌으로 다가올까요? '단어'는 그 위에 이름이 쓰여져 있는 빈 냄비 같아서 냄비의 이름을 호명하면서 그 안에 무엇을 넣느냐에 따라 그 단어의 느낌도 색깔도 맛도 냄새도 달라지는 것인데, 이 아이에게 '영어'라고 써져 있는 냄비에는 어떤 요리가 들어 있는 걸까요. 오래지 않아 확정되지는 않았다고 해도 아마 아래와 같은 것들이 들어 있을 것입니다.

1. 못 알아듣는 이상한 말
2. 상황을 이해할 수 없는 화면
3. 한글이 아닌 글자의 그림책
4. 엄마가 조용히 날 지켜봄
5. 엄마의 화난 얼굴
6. 엄마의 소리 지름
7. 간 떨어지게 놀라며 들은 발음 '영어'

어른들은 모릅니다. 7세 이하의 어린이, 우리 몸의 4분의 1 정도의 체구를 지닌 이 작고 연약한 존재가 우리에게 얼마나 의지하며 또 얼마나 우리를 무서워하는지. 낳아 주고, 젖 주고, 밥 주고, 놀아 주어 왔던 우리 부모들이 어린 그들에겐 '온 세계'라는 걸. 그런 부모에게 어느 날 갑자기 영문도 모른 채 야단을 맞는 것이 얼마나 큰 스트레스인지….

아이들에게 평생 회복할 수 없는 '영어 상처'를 남기는 방법은 간단합니다. '영어'라는 냄비에 온갖 부정적인 기억을 쓸어 담는 것입니다. 아이는 커서 영어가 인생에 얼마나 중요한지 알게 된 다음에도 여전히 영어는 가급적이면 피하고 싶고, 어떻게 하든 미루고 싶고, 기를 쓰고 안 하며 살고 싶어 하는 대상이 되어 있을 것입니다. 우리 어른들이 그래 왔던 것처럼요.

'아직 우리 아이는 그 정도는 아니다'라고 대답하신다면 정말 다행입니다. 앞으로도 아이가 상처 받지 않도록 하셔야 합니다. '우리 아이는 벌써 영어라면 고개를 돌린다'면 화들짝 정신을 차리셔야 합니다. 벌써 영어라는 냄비에 냄새 나는 상한 음식이 들어간 것입니다.

천천히 죽이기
경미한 누적으로 상처 주기

'경미한 누적에 의한 상처'는 사실상 우리 주변에서 훨씬 더 광범위하게 보이는 현상입니다. 앞에서 말한 것과 같은 격한 방식으로 아이에게 상처를 주지 않는다 하더라도 아이는 부모가 영어에 대해 어떤 태도를 보이는가를 무서우리만치 예민하게 반응하며 그것을 의식·무의식적으로 '카피'하고 있습니다. 아래의 상황을 떠올려 봅시다.

1. 엄마가 아침에 신문을 펴 든다. 신문 틈에 끼여 있던 전단지들이 우수수 떨어진다. 대부분 영어학원 소개지이다.

2. 엄마가 그것들을 보며 "에효" 하고 한숨 지으며 말한다. "영어를 시켜야 하는데…."

옆에서 무심하게 놀고 있는 아이의 귀에 이런 엄마의 독백이 입력이 됩니다. 100%요. 무의식적 입력이라 할지라도 그렇습니다. 영어를 공부도 해 보지 않은 그 나이의 아이가 '영어에 대한 엄마의 반응'을 어떻게 이해할까 생각할 수 있지만 사실 어떤 모국어의 단어라는 것이 머리에서 형성되는 과정이 바로 이런 무의식적 입력에 의한 것임을 우리는 쉽게 간과합니다.

예를 들어 엄마와 아빠가 옆집 아저씨를 항상 흉본다고 합시다. "사람이 너무 예의가 없고 맨날 복도에서 담배 피고 인사도 안 하고 정말 싫어." 이웃에 대한 이런 평을 아이가 곁에서 흘려듣는다고 해도 이것이 하루 이틀 계속 반복된다면 아이가 그 아저씨와 맞닥뜨릴 때 반갑게 인사할 리가 없다는 것입니다. '영어'라는 낯선 옆집 아저씨에 대한 엄마와 아빠의 '에효' 혹은 '아쒸'의 반복된 반응은 결국 아래와 같은 상황으로 이어지고 맙니다.

엄마 : 얘 우리도 이제 영어공부 한번 시작해 볼까?
아이 : 영어? 에효….

단어는 '통'입니다. 그 어떤 단어든 사람들이 그 단어 통에 집어넣은 감정을 공유하게 되어 있습니다. "아 짜증 나"라고 말하면서 웃는 사람은 없습니다. 이 단어 혹은 표현에는 일정한 감정이 들어 있음이 약속되어 있고 아이들은 반복된 학습을 통해 이 단어를 말할 때는 인상을 쓰면서 해야 한다는 것을 배웁니다. 마찬가지로 엄마와 아빠가 영어라는 단어를 입에 올릴 때마다 부정적인 표정과 말투를 반복하는 것이 누적되어 아이에게 영어에 대한 비호감 혹은 트라우마를 심어 주는 것입니다. 이런 경미한 누적에 의한 상처는 의외로 깊고도 오래갑니다. 대부분의 한국 가정이 만들어 내고 있는 상처입니다.

아이의 영어를 살리는
특급 처방전

앞에서 서술한 바와 같이 현재 나의 자녀가 몇 살이든 '이상하게
도' 영어를 벌써 싫어하고 있다면, 그것은 전혀 '이상한' 일이 아니
라는 것, 즉 한 번에 대단한 충격을 받아 트라우마를 가지게 되었
든, 경미한 '비호감의 누적'으로 결과적 상처를 지니게 되었든 그것
은 100% 부모 책임이라는 것을 깨달은 바로 그 순간은 슬퍼하고 낙
심할 순간이 아니라 그 순간이야말로 희망의 동이 트는 순간입니다.
왜냐하면 아이가 영어에 흥미를 잃었던 그 이유야말로 아이가 다시
영어에 대한 사랑을 싹틔울 수 있는 힌트를 제공하기 때문입니다.

이제부터 본격적으로 시작됩니다. '그래서 어쩌란 말이냐?'에 대
한 대답입니다. 흥미를 잃은 아이가 다시 흥미를 회복하고 영어에
뒤처진 아이가 효과적으로 진도를 따라잡으며 영어에 관한 한 미래

가 없던 아이에게 창창한 앞날이 열리는 것, 그것은 지금부터 기술할 몇 가지 간단한 원칙에 달렸습니다.

진돗개여 돌아오라
'반복적 호감'으로 상처를 치유하라

저희 어머니가 사는 시골 마을에 떠돌이 진돗개가 한 마리 있었습니다. 이 개의 목에는 시커먼 목줄 자국이 나 있었는데 그것은 어릴 때 목줄에 묶인 채로 탈출하는 바람에 목줄을 풀지 못하고 몸이 자라자 목줄이 계속 목을 조여 와 목에 시커멓게 염증이 생긴 자국이었습니다. 사람들이 이것을 불쌍히 여겨 그 목줄을 끊어 주려고 해도 이 개는 도대체 어디서 얼마나 사람들에게 당했는지 절대로 사람들 손에 잡히지 않았습니다. 다른 집 마당의 개밥을 훔쳐 먹고 살면서도 사람이 30미터 전방에만 나타났다 하면 쏜살같이 도망을 쳐서 아무도 그 개를 잡지 못했습니다.

저도 그 녀석이 마당의 우리 진돗개 밥을 번번이 뺏어 먹는 것을 보았는데 제가 문을 열고 나갈 기미만 보이면 녀석은 종적을 감추기 일쑤였죠. 저는 혼자 곰곰이 생각했습니다. 어떻게 하면 저 개를 구해 줄 수 있을까. 결국 두 가지 방법밖에 없다는 결론에 이르렀죠. 하나는 마취 총을 쏘는 것입니다. 전격 체포 작전으로 개를 기절시킨 후 줄을 풀어 주는 것이죠. 그런데 여기에는 한 가지 문제가 있습니다. 줄은 풀려서 자유를 얻을지언정 사람에게 받은 상처와 공포는 개에게 그대로 남는다는 것이죠. 몸이 낫는 것을 '치료'라고 하고 마음이 나아 사람에게 돌아오는 것을 '치유'라고 할 때, 치료는 받을지 몰라도 치유는 여전히 불가능하다는 겁니다.

그 두 가지를 다 얻을 수 있는 방법이 바로 두 번째 방법인데, 그것은 개와 신뢰를 회복해 가는 '점진적' 방법입니다. 우선 개에게 먹을 것을 주고 개의 '임계거리'인 30미터 밖으로 물러납니다. 몇 번을 그렇게 지켜보다가 개가 안심하는 것이 느껴지면 1미터만 줄여서 29미터 거리에 섭니다. 다시 얼마간이 지난 후 28미터로 좁힙니다. 그러다가도 갑자기 개가 도망가면 다시 30미터 밖으로… 그리고 이번에는 50센티미터씩 좁혀 갑니다. 그렇게 몇 날이 걸리든 몇 년이 걸리든 개를 만질 수 있는 거리까지 참을성을 가지고 좁혀 가는 것입니다. 시간은 많이 걸리지만 한 가지는 확실합니다. 개에게는 '치료'와 '치유'가 동시에 일어날 것입니다.

영어에 이미 상처 받아 버린 우리 아이들에게 우리가 어떻게 해야 하는가는 이 불쌍한 개에게 우리가 어떻게 할 수 있는가와 조금도 다르지 않습니다. 사람이기 때문에 논리로, 상황으로 아무리 잘 이해시킨다고 해도 아이의 뇌 속에, 삶 속에 아로새겨진 '비호감'의 굴레는 '전격 작전'으로는 해결되지 않습니다. 그런 단기적 작전으로 급하게 밀어붙이다가 아이를 더 깊은 수렁으로 밀어넣고 있는 것이 우리의 현실입니다. 방법은 단 하나, 아이에게 '반복적 호감'을 쌓아 가는 것입니다.

그럼 반복적 호감이란 어떻게 형성되는가. 앞의 예에선 진돗개에게 먹이만 주면 해결되는 문제이지만 아이는 강아지가 아니라서 단순히 영어공부를 할 때마다 먹을 걸 준다고 해결이 되지는 않습니다.

그렇다면 아이가 영어를 할 때마다 줄 수 있는 최고의 '먹이'는 무엇인가? 그것은 장난감도, 과자도, 인형도 아닙니다. 그런 것들은 오히려 영어로부터 아이의 시선을 빼앗아 갈지도 모릅니다. 아이가 영어를 서서히 좋아하게 하는 그 '마법의 먹이'는 바로 '영어에 대한 엄마 아빠의 긍정적 태도'입니다.

당신의 연기가 빛나게 하라
어지간해서는 가족에게 속지 않는다

10여 년 전 어린이 영어교육에 대한 강연회가 끝나고 어떤 어머니가 저에게 다가왔습니다. 다가올 때부터 그녀의 미간에는 '내 천(川)' 자가 새겨져 있어서 아이의 영어교육 때문에 적잖이 속이 상해 있는 것을 눈짐작으로도 알아챌 수 있었습니다. 아니나 다를까 그녀는 다음과 같은 이야기를 쏟아 놓았습니다.

"도대체 어디서부터 잘못되었는지 모르겠습니다. 어릴 때부터 좋다는 책은 다 사 주고 남들이 시키는 것은 다 시켜 봤는데 영어를 못하는 것은 차치하고라도 일단 영어라는 말만 나오면 고개를 팩

팩 돌려 버립니다. 애가 이제 초등학교 6학년인데 앞으로 조금만 더 가면 반드시 뒤처질 것 같은데…. 영어를 재미있게 공부하라고 는 하지만 애가 일단 싫어해서 어떻게 재미있게 해야 할지를 모르 겠습니다."

저는 이야기하는 어머니를 3분만 살펴도 대충 아이에게 얼마나 압력을 가하는지, 혹은 아이를 얼마나 못살게 구는지(?)를 눈치챕니 다. 이 어머니의 경우는 위에서 말한 '충격'에 의한 상처가 아니라 '누적'에 의한 상처를 준 것임이 분명해 보였습니다. 어머니의 말투 는 부드러웠지만 그녀가 '영어'라는 말을 입에 올릴 때마다 양미간 이 예외 없이 찌푸려졌기 때문입니다. 아무리 좋은 내용으로 이야기 해도 그 무엇인가를 입에 올릴 때마다 평생 엄마가 인상 쓰는 것을 보고 살아 왔다면 틀림없다고 생각해야 합니다. 아이의 무의식엔 영 어란 '언짢은 것'이라고 박혀 있을 것입니다.

아래는 저와 그 어머니가 나눈 대화입니다.

문쌤 : 아이가 언제부터 영어에 대해 이런 반응을 보였나요?
엄마 : 모르겠어요, 저학년 때부터 그래 왔는데 머리가 커지면서 점점 더 심해지네요.
문쌤 : 제가 볼 때는 '백약이 무효'하여 저에게 오신 것 같은데, 처 방은 단 하나밖에 없습니다.
엄마 : 그게 뭔가요?

문쌤 : 확실한 처방이긴 한데 어머니가 좀 힘이 드실 겁니다.

엄마 : 돈이 많이 드나요? 얼마가 들어도 할 수 있어요.

문쌤 : 돈 문제가 아니고 어머니의 인내력이 필요한 일입니다.

엄마 : 그게 뭔가요. 뭐든지 하겠어요.

문쌤 : '연기'입니다.

엄마 : 예? 뭐요?

문쌤 : '연기'요. '마치 영어를 좋아하는 듯'하는 연기요.

엄마 : 그걸… 어떻게 하나요?

문쌤 : 지금부터 제가 하는 말을 잘 듣고 제가 시키는 그대로 하셔야 합니다. EBS에서 매일 밤 8시 25분에 하는 〈English Café〉라는 프로가 있어요. (당시 〈English Café〉는 저녁 시간에 방송되고 있었습니다) 제가 하는 것인데 그 프로를 보면 제가 출연자들과 나와서 두드리고 춤추며 25분을 보냅니다. 우선 어머니는 그냥 시간 될 때마다 그걸 틀어 놓고 보시면 됩니다.

엄마 : 애하고 같이 보라고요?

문쌤 : 아뇨, 절대로 그렇게 하면 안 됩니다. 애가 뭘 하든 신경 쓰지 말고 그냥 엄마만 재미있게 보시면 됩니다. "애야, 재미있는 거 하는데 와서 보지 않겠니?" 이런 말 절대로 하시면 안 됩니다. 애가 다 커서 엄마의 의도를 귀신같이 빨리 눈치챕니다. TV를 볼 때는 두 가지 원칙을 꼭 지키셔야 합니다. 첫째, TV에서 제가 하는 것처럼 '손짓 발짓' 할 것, 두 번째는 따라하라고 할 때 꼭 큰 소리로 따라할 것. 그리고 다시 한 번 강조하지만 누가 보든 말든 그냥

혼자 그렇게 실성한 사람처럼 하셔야 합니다.

엄마 : …꼭 그렇게 해야 하나요?

문쌤 : 마지막 희망입니다. 꼭 그렇게 하십시오.

엄마가 돌아가고 나서 한 달이 지나고 제가 전화를 걸었습니다. 경과를 묻는 저에게 엄마는 이렇게 대답했습니다.

"아이고 말도 마세요. 첫 두 주 동안 저 아주 집안에서 미친 X 되는 줄 알았어요. 방 안에서 혼자 TV를 보며 손짓 발짓 따라하는데 애는 물론이고 애 아빠까지 문 밖에서 실실 웃으며 저를 미친 여자 취급하는 거예요. 정말 울고 싶고 창피했지만 아이를 위해서 내 한 몸 희생하리라는 생각으로 꾹 참고 넘겼어요. 3주 차이던가, 아이고 이것도 그만둬야겠다고 생각한 순간, 아이가 방 안으로 들어오더니

TV가 아닌 장롱 쪽을 보고 앉는 거예요. 저는 알 수 있었어요. 딴청을 하고 있었지만 저와 TV를 의식하고 있었다는 것을요. 도대체 뭐기에 엄마가 저리도 난리를 피우나, 자기도 슬슬 궁금해졌겠지요. 그리고 4주째에 놀라운 일이! 아이가 슬금슬금 제 옆으로 오더니 이번에는 TV와 저를 번갈아 쳐다보며 실실 웃고 있는 거예요. 어제도 그러고 있었어요. 신기한 것은 그 시간만 되면 곁에 와서 같이 있는다는 거예요. 이대로 가면 같이 손짓 발짓 하며 따라하는 것은 머지 않은 것 같아요."

제가 대답했습니다.

"어머니 그 정도면 대성공이신 겁니다. 아이에게 영어에 대해 부정적인 느낌을 심은 것은 십 수 년인데 한 달 만에 영어에 대한 아이의 감정이 호감으로 돌아서고 있는 겁니다. 계속하십시오. 반드시 성공할 것입니다."

그렇습니다. 앞 장에서 서술했던 그 '상처 받은 진돗개'가 어머니의 '눈물 없인 들을 수 없는 희생어린 연기(?)'로 단 한 달 만에 사람에게로 거의 돌아온 것입니다. 사람에 따라, 아이가 이제까지 받은 비호감 상처의 크기에 따라 회복에 걸리는 시간은 똑같지 않을 수 있습니다. 하지만 한 가지만은 확실합니다. 호감을 회복하면 영어는 돌아옵니다.

반대로 영어에 대한 호감은 자동차의 연료와 같아서 그만큼의 호감을 확보하지 못하면 엔진이 아무리 좋아도, 기사가 아무리 유능해도 앞으로 나갈 재간이 없습니다.

최초에 출발할 수 있는 의욕의 연료가 그 무엇보다 중요합니다. 그것이 준비되지 않고서는 차는 절대로 앞으로 나아갈 수 없습니다. 그리고 그것은 논리적 설득으로도, 영어가 아이의 인생에 얼마나 중요한지에 대한 엄마의 강압적 세뇌로도, 실질적이고 강제적인 조치로도, 그 어떤 것으로도 불가능합니다. 그것은 오직 '축적된 호감'으로만 가능한데 이 마지막 방법은 오직, '엄마, 혹은 아빠가 영어에 대해 호감을 보이는 것을 보고 그 태도가 전염되는 것'으로만 가능합니다. 다 큰 성인의 경우는 다릅니다. 하지만 문제가 초등 저학년 이하의 어린이라면 반드시 그러합니다.

무엇을 어떻게 연기하는가
먼저 영어를 좋아하는 척한다

자, 그러면 도대체 아이의 영어 자동차에 어떻게 연료를 공급할지 구체적으로 생각해 봅시다. 결론부터 간단히 말하자면, 엄마나 아빠가 (혹은 집에 사는 이모 삼촌이라도 아이의 곁에 늘 있어서 삶의 모범을 보일 수 있는 사람이) 영어공부를 좋아하는 모습을 보이는 것입니다. 이렇게 이야기하면 겁부터 덜컥 집어먹는 분들이 많습니다. "아니, 내가 영어를 잘하지를 못하는데…" 하면서요. 하지만 앞에서 말한 것을 잘 기억해 보십시오. 아이는 엄마가 영어에 대해 가지고 있는 '태

도'를 배울 뿐이라 했습니다. 엄마의 '지식'이 중요한 게 아닙니다.

예전에 〈뽀뽀뽀〉를 진행할 때 이야기입니다. 영어 코너의 만화 더빙을 위해 늘상 저와 같이 영어 녹음을 하던 초등 1학년 꼬마가 있었습니다. 그냥 방송국이 지정해 준 네이티브려니 하고 한 번도 의심하지 않고 그 꼬마와 영어로 대화하고 영어로 같이 녹음을 진행했습니다. 그렇게 시작한 지 6개월이 지난 어느 날 갑자기 궁금해져서 제가 물었습니다.

"Where did you learn English?"

꼬마가 대답했습니다.

"Here."

제가 다시 물었습니다.

"What do you mean here? In Korea?"

그녀가 대답했습니다.

"Sure!"

응? 어떻게 된 거지? 얘는 완전 네이티브 수준인데? 그래서 저는 꼬치꼬치 캐묻기 시작했습니다.

"Are you going to an international school here?"

돌아오는 대답은 모두 다 예상 외였습니다.

"No, I go to a Korean school."

흠… 그렇다면 엄마가 영어를 잘 가르친 게로구나, 생각하며 다음 질문으로 "Do you speak English to your mom?" 이렇게 물었습니다. 그 질문에 대한 아이의 대답과 표정과 손짓을 저는 지금도 잊

지 못합니다. 아이는 웃긴다는 듯이 "Mom?" 이렇게 말하더니 두 손
가락을 들어 눈꼽만큼이라는 시늉을 하며 혓바닥을 내밀었습니다.
'엄마 영어 정말 못한다'는 표현이었습니다. 이 미스터리한 아이와
방송국 대기실의 아이 엄마를 저는 그날부터 유심히 관찰해 보았습
니다. 그러면서 놀라운 사실을 발견했습니다. 아이와 엄마의 대화는
늘 이런 식이었습니다.

> **엄마 :** (애써서 영어로) Did you like today's recording?
> **아이 :** 아이, did를 '디드'로 발음하지 말라 그랬지! 발음이 그게
> 아니라니까!
> **엄마 :** 아 맞다. 하하하. '디드' 아니고 '딧'.
> **아이 :** (의기양양한 미소)

물론 아이는 영어 유치원을 오래 다녔었고 영어는 그곳에서 늘었
다고 했습니다. 하지만 중요한 것은 '엄마의 태도'였습니다. 엄마가
모든 것을 공부하고 아이를 '가르치는' 것이 아니라 영어를 너무 좋
아하고 아이와 '함께 가는' 태도를 취하고 있었던 것입니다. 거기에,
당연히 아이의 발음이 어른에 비해 좋을 수밖에 없으니 같은 영어공
부 동료로서의 엄마에게 아이는 늘상 '잘난 척'을 하며 가르치려 했
고 엄마는 그것을 늘상 귀엽게 받아 주었습니다. 이렇게 '기 살리는'
교육이 또 있을까요.

어른이 영어를 싫어하고 하지 않으면 아이도 못합니다. 최악의 조

합입니다. 어른이 영어를 좋아하는데 너무 잘한다면 그것은 B급 조합입니다. 아이가 대체로 주눅이 들어 집에선 영어를 하려고 하지 않습니다. 바로 저희 집 이야기입니다. 저도 영어강사, 엄마도 한때 잘나가는 토익 강사였습니다. 저희 집 아이들, 이제는 다 커서 성인이 되었지만 (지금은 영어를 잘합니다) 어릴 때는 이상할 정도로 우리 앞에서 영어를 하기 싫어했습니다. (그도 그럴 것이 우리 부부는 직업병으로 인해 아이가 무엇을 말하든 항상 고치려 들었으니까요. 재미가 있었을 리 없습니다.) 최상의 조합은 영어를 좋아하지만 잘하지는 못하는 부모와 영어를 잘하는 아이의 조합입니다. 아이는 부모에게 '태도'를 전이받고, 의기양양하게 영어를 공부할 수밖에 없게 됩니다. 생각해 보면 제가 바로 그런 경우였습니다.

우리 부모님은 옛날 세대이신 데 비해 영어를 정말 좋아하는 분들이었지만 회화는 젬병이었고, 저는 부모님께 제 영어 실력을 의기양양하게 보여 드리는 것을 낙으로 삼고 소싯적을 보낸 기억이 있습니다.

문제는 부모의 '태도'입니다. 내가 영어를 싫어하면서 아이가 영어를 좋아하길 바라는 것은 내가 화투짝을 들고 앉아서 '우리 애는 책을 안 읽어서 걱정이야' 하는 것과 같습니다. 아이들은 그냥 엄마 하는 대로 그대로 따라할 뿐이기 때문입니다.

자, 이제 내가 아이보다 영어를 엄청 잘해야 하는 것은 아니라는 것이 확실해졌습니다. 그러면 무엇부터 시작해야 하는가? 답은 '일단 아이의 영어를 이끌어 준다는 생각을 버려라!'입니다.

아래 두 개의 항목 중 당신은 무엇이 아이에게 더 도움이 될 거라고 생각하십니까?

1. 내가 영어를 정말로 좋아한다.

2. 내가 영어를 좋아하는 척하는 연기를 한다.

말할 것도 없이 1번일 것입니다. '내가 좋아하는 척'을 한다고 해도 그것을 정말 잘하려면 어느 정도 영어가 좋아져야 합니다. 내가 (엄마가) 영어를 좋아하려면 어떻게 해야 합니까. 일단 아이를 잘 이끌어야 한다는 의무감을 버리고 나부터 재미를 느껴야 한다는 다소 '이기적인' 생각을 하여야 합니다. 재미를 붙일 수 있는 방법 중엔 다음과 같은 실질적인 방법이 있습니다.

1. 문 선생이 강의하는 곳을 찾아 그의 재미있는 강의를 듣는다.

(죄송합니다. 하지만 이것보다 좋은 방법은 없을 듯해서 진심으로 적었습니다. 종로구 관철동 11-19 '문단열의 잉글리시시어터' 학원에서 저의 직강 수업이 진행되고 있습니다. 어린이용은 아니지만 엄마가 배워서 아이와 함께 나누는 방식에 적합합니다. www.englishtheater.co.kr)

2. 소싯적 좋아하는 팝송으로 공부할 수 있는 방법을 찾아본다.

(EBS에서 아직도 〈Brain Pops〉라는 제가 진행한 프로그램을 방송하고 있습니다. EBS 홈페이지에 다시 보기를 이용해도 됩니다. 다시 한 번 죄송합니다. 하지만 이거 정말 재미있습니다.)

3. 책방에서 재미있는 설명이 붙어 있는 어린이용 초보영어 책들을 찾아본다.

(한 번만 더 죄송하겠습니다. 제가 직접 해설을 한 재미있는 어린이용 책들이 많이 있습니다. 어린이용이라지만 어른들도 들으면 기억에 쏙쏙 남는 설명들입니다. 최근의 것으로 아이들의 큰 사랑을 받은 〈겨울왕국〉이 있습니다.)

(아래는 〈뽀뽀뽀〉에서 했던 파닉스 강의를 동영상으로 담은 제 해설입니다.)

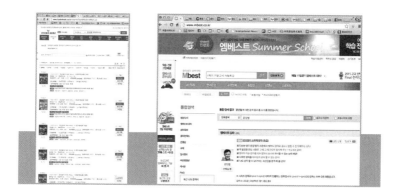

4. 온라인 강의 중에 재미있는 것을 찾아 연속으로 들어 본다.

(클릭 몇 번 하시면 제가 한 강의들을 많이 찾으실 수 있습니다. 애매한 것
을 소개하는 것보다 재미 붙이는 데 최선인 제 것부터 뻔뻔스럽게 소개하
는 것을 혜량하여 주시기를…. www.mbest.co.kr '메가스터디중등부'에
서 6년째 베스트 강좌로 선정된 '소화제 영문법'입니다. 초등 고학년에게
좋습니다.)

충심으로 드리는 말씀입니다. 부모가 가진 지식이 아이에게 꼭 옮
겨 간다는 보장은 전혀 없지만 부모가 좋아하는 그 무엇은 아이에게
반드시 전이(傳移)됩니다. 아이가 미래의 일꾼이 되는 20년, 30년 후
우리 아이가 정말로 국제적인 인재가 되기를 바라십니까? 그렇다면
지금 방법은 오직 한 가지, 사실상 그렇게 어렵진 않지만 조금 귀찮
은 방법 하나밖에 없습니다. 그저 '영어를 좋아하든지', 아니면 '영어

를 좋아하는 척이라도 하든지' 둘 중의 하나입니다.

참고로, 위에서는 초등학교 고학년 학부모의 경우를 언급했지만 저학년인 경우는 개선이 훨씬 빨리 됩니다.

미취학 아동은 알기 쉽게 순서대로 예를 들어 설명해 보겠습니다.

1단계 - 유도 방법

1. 그림책과 CD, DVD 등을 사 옵니다.

아주 어린 3~4세라면 〈뽀로로〉의 영어판 등이 좋습니다. 취학 직전이라면 영미 계열에서 나온 좋은 책들이 많이 있습니다. 단권으로 시작해 추가해 나가도 되고, 전집류를 사는 것도 나쁘지는 않습니다. 단, 엄마부터 그것들을 즐길 각오를 하셔야 합니다.

2. 사 온 책을 펼칩니다. 책을 열심히 하루 중 일정한 시간에 아이가 보는 데서 펼쳐 놓고 읽습니다.

인상을 쓰면 역효과입니다. 한숨을 쉬어도 안 됩니다. 그냥 정말로 즐겁게 열심히 해야 합니다. 절대 금기 사항은 "같이 하자!" 하시면 안 됩니다. 처음에 그냥 "넌 몰라도 돼. 그런 게 있어" 정도로 가셔야 합니다.

3. CD를 틉니다. 그리고 집안일을 하면서 노상 따라합니다.

정말로 외울 정도로 따라합니다. 역시나 아이에게 "너도 한번 외워 봐!" 이런 거 하시면 안 됩니다. 정말로 아이가 따라하거나 하면 "우아, 잘한다!" 하고 이젠 안심이려니 하고 내려놓으셔도 안 됩니다. 내려놓으면 아이도 바로 내려놓습니다. 그게 미취학 아동의 특징입니다. 어른이 좋아하면 같이하고, 어른이 그만두면 아이도 그만둡니다. '아이고, 내가 다 늙어서 이렇게 공부를 해야 하나?!' 그런 생각이 드신다고요? 만약 아이의 영어 미래를 위해 '이것밖엔' 방법이 없다면 어찌 하시겠습니까. (네, 이것밖엔 방법이 없습니다!)

4. DVD를 틉니다.

요령은 똑같습니다. 틀어 놓고 TV 앞에 앉아서 따라하고 좋아하십시오. (이젠 눈치채셨죠? 아이에게 오라고 하면 안 됩니다!) 그러다가 정말로 안 오고 나만 공부하면 어쩌냐고요? 제가 장담합니다. 한 달 두 달 그러고 있는데 관심 없어할 아이는 없습니다.

2단계 - 유지 방법

아이가 관심을 보이기 시작한다고 해도 당분간 절대로 하지 말아야 할 일이 있습니다. 바로 아래와 같습니다.

1. 시험 보기 : 외워 보라고 한 다음 일정한 분량을 매일 주는 식의 '학습 강요'는 아이에게 심리적 압박을 가해 평생 영어와 멀어지게 할 수 있습니다. 시키는 대로 잘 따라오는 아이라 할지라도 '자기 주도학습'의 싹을 잘라 버리고 수동적 학습에 길들이는 부작용을 낳게 됩니다.

2. 비교하기 : '네 친구들은 벌써 단어를 700개 외웠는데' 식의 발언 역시 불이 붙지도 않은 영어 엔진을 일거에 식혀 버립니다. 아무리 아이라도 사람입니다. 칭찬을 해 줘도 할까 말까 한데 비판

을 들으면서 무엇을 하고 싶을 리 없습니다. "남의 집 며느리들을 이런 것도 한다던데." 이런 소리를 시어머니한테 듣는다면 그것을 하고 싶겠습니까. (정말로요!)

3. 책 보고 공부하기든, CD 외우기든, DVD 학습이든, 아이를 공부 '시킨다'는 기분으로 하시면 반드시 역풍이 불게 되어 있습니다. '같이 뛴다'는 기분으로 가야 합니다. 아이에게 이렇게 말해 보세요. "엄마는 이게 정말 발음이 안 된다. 아, 고민 되네. 넌 되니?" 아이는 자발적으로 엄마를 도우려고 할 것입니다. 그야말로 친구가 되어 주는 것입니다. 공부는 '시키는' 것이 아닙니다. 하도록 '유도'하는 것입니다. 왜냐하면 그것만이 가능한 일이기 때문입니다.

3단계 개발 방법은 책 뒷부분에서 다시 서술하도록 하겠습니다.

무엇이든 끝은 있다
사춘기가 올 때까지만 지속하라

이 지점까지 이해된 부모님들이라면 다시 이런 의문이 들 것입니다. 그렇다면 영어를 좋아하는 모습을 (혹은 척하는 모습을) 도대체 언제까지 보여 줘야 하는 것인가? 다행히 끝이 있습니다. 바로 '사춘기 초입'까지입니다. 여자 아이들이라면 초등 6학년 정도, 남자 아이들이라면 중2까지입니다. 그럼 그 전에 멈추면 어떻게 되는가? 위에서

잠깐 언급했지만 '어린이의 특징'이 무엇인가 하면, 바로 '어른이 하면 하고 어른이 안 하면 안 한다는 것'입니다.

가끔 이런 이야기를 듣습니다. "우리 애는 왜 그런지 어떤 때는 영어 유치원 가겠다고 그렇게 난리를 치더니, 또 돌아서면 안 간다고 뒹굽니다." 자연스런 행동입니다. 그게 애들의 특징입니다. 간다고 할 때는 뭔가 호감을 일으키는 것이 있었던 거고 안 간다고 할 때는 뭔가 비호감과 마주친 것입니다. 그게 뭔지를 엄마가 모르고 있을 뿐입니다.

영어교육을 시키겠다고 애를 유치원 때 미국으로 데리고 나갔다가 초2 때 데리고 들어와서 안심하고 내버려 둔 경우를 보았습니다. 당연히 아이의 영어는 퇴보하고 그것으로 그치는 것이 아니라 영어에 대한 흥미도 급속도로 시들어 버려서 유창하던 영어를 잃어버렸습니다. 당연합니다. 사춘기 이전 '어린이'의 특징입니다.

인간은 '사춘기'라는 자기 정체성 확립의 시기에 들어가기 전에는 사실상 '주도적 자기'가 없는 것 같습니다. 자신이 왜 이것을 꿋꿋하게 해 나가야 하는지에 대한 그 어떤 '이유' 때문이 아니라 그냥 지금 하는 것이 재미있어서 할 뿐이라는 말이죠. '지금 좋아서' 한 것이라면 '지금 싫으면' 안 할 수밖에 없습니다.

그렇다면 도대체 사춘기 초입에 무슨 일이 아이에게 벌어지기에 그것이 그렇게 중요한 기준이 되는 걸까요?

아이가 사춘기에 돌입하면 다음과 같은 일들이 아이에게 벌어집니다. 우선, 이 세상의 전체를 구성한다고 알고 있던 엄마, 아빠의 존재에 대해 '객관적 인식'이 생기기 시작합니다. 예를 들어 '우리 아빠의 사회적 지위는?' '우리 엄마의 성격은 정상인가?' 뭐 이런 질문들이 머리에 하나 둘 들어서기 시작한다는 말입니다. 그리고 주위에 대한 객관적 질문은 결국은 자신에게도 돌아옵니다.

'나는 누구인가?' '나는 무엇으로 사랑받을 수 있는가?' 등등 말입니다. 이제까지 자신이 공주이고 왕자라고 생각하고, 자신이 세상의 중심이라고 여기고 살아왔으나, 이젠 그것이 아니라는 사실을 객관적으로 받아들일 수 있게 되었다는 겁니다. 허나 그러면 그럴수록 고민에 빠집니다. 왜냐하면 자신을 일방적으로 사랑해 주는 부모의 품을 조금만 벗어나면 아주 냉정한 객관적 세계가 존재하고 그 세계에서 부모에게서 받았던 것과 동일한 사랑을 받기 위해 자신은 도대체 무엇을 해야 하는가 하는 질문에 부닥치게 되기 때문입니다. 그래서 바로 이 시기에 아이들은 '내가 무엇을 했을 때 가장 인정받는가' 하는 생각에 의식·무의식적으로 깊이 빠져 들게 됩니다. 그러다가 어떤 아이는 노래에 몰두하고 또 어떤 아이는 미친 듯이 그림만 그리게 되고 또 다른 아이는 죽도록 춤만 추게 되는 겁니다. 물론 공부가 그 자리를 차지하는 아이들은 소위 한국 사회가 말하는 '우등생'이 되어 가는 것이지요.

그런데 바로 이 절체절명의 순간에 '아, 나는 영어를 해야 사랑(인정)받을 수 있겠구나!' 하는 결론에 이른다면, 그것이야말로 '조기교육'이 결실을 맺는 결정적 순간이겠지요. 아이가 어떻게 그런 결론에 이르게 될까요. 여기서 아이의 머리 속을 한번 들여다볼까요.

'저 친구는 노래로 인기를 끈다. 난 노래엔 소질이 없다. 저 친구는 엄청 이뻐서 가는 데마다 인기다. 솔직히 난 그렇게 이쁜 것 같지는 않다. 공부는 수학을 못해서 등수가 안 오른다. 그런데 어릴 때부터 영어 이야기만 나오면 아이들이 나를 본다. 내가 발음이 좋기 때문이다. girl, world, pearl 이렇게 혀가 꼬이는 발음도 내가 한번 하면 다들 "우아~~~" 하고 탄성을 지른다. 영어가 좋다. 영어만 하고 싶다….'

스스로 이런 결론에 이를 수만 있다면 사실상 여기서 '어학공부'에 대한 인생의 승부는 결정 난 것이나 다름이 없습니다. 왜냐하면 지금부터는 자신이 스스로 평생 공부를 이끌고 갈 것이 확실하기 때문입니다.

사춘기에 돌입하는 자녀는 이미 자기 정체성을 찾기 위해 자신이 평생 좋아할 대상(과목)을 찾고 있고 그 과정에서 대상으로 선택되는 두세 개 종목은 그에게 평생 동안 친구가 되기 때문에 이때 아이가 영어를 택하기만 하면 사실상 영어교육에 있어서의 부모의 역할은 끝난다고 해도 과언이 아닌 것이죠. 그래서 엄마, 아빠의 '영어 호감(연기)'은 아이가 이런 결정을 내릴 때까지 멈춤 없이 계속되어야 하는 것입니다.

적절하게
Appropriate
맞는 옷을 제때에 입혀라

최고의
학습효과를
내고 싶다면

완벽한 학습보다는
재미있는 학습을!

부모님들은 보통 아이들의 '학습' 역시 성인들과 같을 것이라 생각합니다. 하지만 어린아이의 뇌와 어른의 뇌는 언어 학습에 관한 현저하게 달라서 흔히 어른들 생각에 '이렇게 하면 공부가 될 것이다'라고 여기는 방법을 사용하다가 아이의 공부를 아예 망쳐 버리는 일이 허다합니다.

예를 들어 무엇이든 다 의문 없이 흡수하고 외워 버릴 수 있는 초등 저학년 이하의 아이들에게 어른이 사리를 이해하는 방식인 '문법'으로 영어를 받아들이게 한다든지, '소외나 박탈' 같은 추상적 어휘를 전혀 이해할 수 없는 연령의 아이들에게 영재교육을 한다며 외우게 한다든지 하는 것입니다. 어른들의 무지와 빨리 앞서 가려는 욕심에 근거한 이런 우악스런 방법들이 우리 아이들의 영어학습을 지금 이 시간에도 망가뜨리고 있지만 우리는 아직도 우리 꼬마들을 어떻게 자연스럽고도 즐거운 방법으로 영어로 인도할지에 대해 그저 막연한 지식 이외에는 가지고 있는 것이 없는 듯합니다.

그래서 우선 도대체 무엇이 '재미있는' 영어공부인지에 대해 생각해 보려고 합니다. 제가 평생 펼친 지론이 '완벽한 학습'보다는 '재미있는 학습'이 더 중요하다는 것인데, 그 재미있는 학습이란 걸 이해하려면 '재미'라는 놈이 도대체 뭔지부터 생각해 봐야 합니다.

사람은 무엇에 '재미'를 느낄까요? 어른과 아이가 다른 것에 재미를 느끼는 것은 어떤 차이에서 기인하는 걸까요? 남녀노소 다 재미있어하는 디즈니 애니메이션 같은 것은 도대체 어떤 재미의 코드를 가지고 있는 것일까요?

'재미있다'는 말의 의미

'재미'라는 녀석의 정체를 알아내기 위해 다음의 둘씩 묶인 예를 보면서 어떤 것이 더 '재미있는지' 체크해 봅시다.

- ☞ 어제는 학교에서 돌아와 씻고 밥을 먹은 후 TV를 보면서 운동을 했다. (   )
- ☞ 어제는 우주에서 돌아와 씻고 밥을 먹은 후 TV를 보면서 소리를 질렀다. (   )

✎나는 그녀의 동그란 이마를 그리고 싶다. (   )

✎나는 그녀의 동그란 이마에 호떡을 부치고 싶다. (   )

✎그는 쌍꺼풀 수술에 45만 원을 들였다. (   )

✎그는 쌍꺼풀 수술에 45억 원을 들였다. (   )

위의 설문에 더 재미있는 것으로 첫 번째 문장을 선택했다면 당신은 분명 아주 특이한 사람이거나 우주인일 것입니다. 지구인이라면 국적불문하고 둘 중 후자를 더 재미있는 것으로 선택했겠지요. 그렇다면 후자의 공통점이 무엇일까요? 바로 '의외(意外)'라는 것입니다.

세상의 모든 표현 예술은 (그리고 명강의는) 바로 이 '의외성unex pectedness(예상과 다르다)'을 매개로 대중과 호흡합니다. 개그맨이 나와서 개다리춤을 추면 특별히 재미있지 않습니다. 하지만 교수님이 강단에서 영어를 가르치다 개다리춤을 추면 그것은 확실히 기억에 남습니다. 남녀가 사랑해서 행복하게 잘 먹고 잘살면 영화가 되지 않습니다. 반전에 반전을 거듭해야 그래도 돈이 아깝지 않습니다.

'반전'이 무엇입니까. 바로 '의외성'입니다. '재미'라는 녀석을 유발하는 첫 번째 요인은 '의외성'입니다. 우리는 흔히 재미라고 하면 요란뻑적지근한 것을 바로 떠올립니다. 연예인이라도 불러야 할 것 같고, 학교 축제처럼 시끄러워야 재미있다고 생각합니다.

아이들의 영어공부도 마찬가지입니다. 꼭 노래가 등장해야 하고 (뭐 음악으로 공부하는 것이 나쁘다는 것은 아닙니다만), 화려한 그래픽이 있어야 하고 (그런 것이 있으면 좋기야 하지요) 그래야 영어를 재미있게 공부할 것 같다는 생각을 하지만 이것은 '재미'에 대해 크게 오해하고 있는 것입니다.

화려한 것이 재미가 되는 것은 하나도 화려하지 않을 것 같은 신데렐라에게 갑자기 화려한 드레스가 생겼을 때이고 음악이 있어 재미있는 것은 한동안 적막 속에 대사만 있다가 노래가 등장했을 때입니다. 요란해서 재미있는 것이 아니라 '의외'라서 재미있는 것입니다.

그러나 아이들이 영어공부에 흥미를 느끼는 재미의 요소는 우리가 흔히 알고 있는 '재미'의 요소와는 조금 다릅니다. 이 두 번째 요소가 있으면 우리의 학습에 뭐 대단한 반전도 필요치 않으며 깜짝 놀랄 만한 의외성 같은 것이 없어도 아이들이 (어른들도 그렇지만) 바짝 집중하고 재미있어합니다. 그것이 무엇인지 다음의 예 속에서 발견해 봅시다.

- 입시 설명회의 지루한 설명을 6시간 동안 수천 명의 학부모들이 꼼짝 않고 듣고 있다.
- 정치 얘기만 나오면 흥분하는 아빠가 〈100분 토론〉을 100분 동안 꼼짝 않고 보고 있다.
- 여대 앞에 꽃을 든 남자가 엄동설한에 한 시간 동안 같은 자리에 서서 교문을 주시하고 있다.

모든 세대, 모든 종류의 사람을 동일하게 즐겁게 하는 '의외성'과는 달리 두 번째 요소는 꽤나 주관적인 것입니다. 위의 예에서 보면 입시설명회에 간 부모들을 초집중하게 하는 것은 사실 입시생을 집에 두지 않은 우리 같은 사람들에겐 전혀 관심거리가 되지 않습니다. (입시설명회에 소녀시대가 오지 않는 한은 말이죠). 정치에 워낙 관심이 없는 저 같은 사람이 〈100분 토론〉을 1분이라도 본다면 그것은 기적일 것이고, 역시나 여대 앞에 꽃을 들고 잠깐이라도 서 있을 일이 여러분 대부분에게는 없을 것입니다.

위의 예에 등장하는 초집중의 주인공들이 가진 공통점은 '자신에게 필요한 것'에 몰두해 있다는 것입니다. 당연한 이야기지만 사람은 '자신과 관련된 것'에 집중합니다. 여기서 '자신(自身)'이라는 말을 더 정확하게 표현하자면 그것은 '자신이 원하는 것'일 겁니다.

디즈니의 영화가 남녀노소를 모두 만족시키는 것은 그들의 영화가 유초등을 위해서는 엎치락뒤치락하는 슬랩스틱 동작을, 사춘기에서 청년까지는 로맨스를, 장년층을 위해서는 인생의 지혜와 철학을 대사로 구사하고, 마지막으로 그 모든 것을 '의외성'을 기반으로 음악화, 미술화하기 때문입니다. '완벽한 재미'의 덩어리가 되는 것이지요.

아이의 뇌 vs. 어른의 뇌

자, 위에서 설명드린 '재미學'을 한번 정리해 보겠습니다. 우리가 재미를 느낀다는 것은 우리의 두뇌가 너무 예상되는 결과에 안심하고 늘어져 버리지 않도록 적절히 긴장시키는 '의외성'이 있다는 것이고, 또 다른 재미의 뿌리는 (사실상 더 중요한) 그 어떤 대상이 내 관심사인가 하는 것입니다. 여기서 우리는 바로 우리 아이들이 어떻게 하면 영어에 재미를 느낄 것인가에 대한 근본적 해답을 얻을 수 있습니다. 길을 찾을 수 있다는 말이지요.

우리의 관심사라는 것은 '입시생 학부모'의 예에서 본 것처럼 구체적으로 우리가 처한 상황과도 관계가 있지만 더 근본적으로는 우리의 연령대가 어디에 속해 있는가 하는 것에 뿌리를 두고 있습니다. 위의 디즈니의 예에서 말씀드린 것과 같이 장년층은 '인생'을 논하기를 즐겨 하는데 이것은 그들의 두뇌가 축적된 경험을 바탕으로 자신의 예상과 실제 인생이 진행된 길의 차이를 많이 느끼고 있기 때문입니다. 청년층이 '로맨스'에 훨씬 더 즉각적으로 반응을 보이는 것은 혈기방장한 그들의 건강상태(?)를 생각할 때 지극히 당연한 일일 것입니다.

그렇다면 지금 우리의 관심사인 4~7세 아동의 '관심사'는 무엇일까요? 어른들처럼 아이들 역시 자신의 '필요'를 의식하지는 않고 있습니다. 하지만 그들의 뇌는 그 시기적 특성상 어른들의 뇌가 요구하는 지식과는 전혀 다른 정보를 (그리고 그런 정보만을) 갈구하고 있습니다. 그것은 '물리적 세상'이라는 환경에 대한 정보입니다. 바로 보고, 듣고, 만져 보고, 맛보고, 들어 보고, 해 봄으로 얻는 것들 말입니다.

이런 것들을 영어로 sensory(감각적인)하다고 말합니다. 아이들이 정신없이 뛰어다니고 아무거나 만지고, 막 뛰어내리고 할 때 우리는 "하이고, 언제 철드나" 합니다. 하지만 사실상 그렇게 정신없이 사고를 쳐 대는 아이들이 단순히 어리고 철이 없어서 그렇다고 생각하면 그건 오산입니다. 아이들이 그러는 데는 정말로 중요한 이유가 있습니다. 그리고 그렇게 하지 않으면 그들의 인생에는 장기적으로 더 큰 문제가 발생할 것이 확실합니다.

가끔 이런 말을 자랑삼아 하는 학부모들을 만납니다.

"오호호, 우리 애는요… 나이가 다섯 살인데 정말 어른처럼 앉아서 두 시간씩 집중해서 뭘 한답니다. 꼼짝 않고요."

언뜻 듣기에 부러운 말 같지만 정말 5세의 아이가 그렇다면 그건 그 아이에겐 비극일 수도 있습니다. 왜 그럴까요? 이건 깊이 들여다보아야 이해할 수 있는 문제라 이야기를 좀 더 진행해 보도록 하겠습니다. 다음의 질문들에 그냥 간단히 대답해 봅시다.

☞ 우리는 어떻게 해서 계단을 걸어 올라갈 수 있는가?
☞ 우리는 왜 땅에 떨어진 빵을 주워 먹지 않는가?
☞ 우리는 왜 2층에서 창밖으로 뛰어내리지 않는가?

제 질문에 좀 당황하셨을 겁니다. 뭐, 그거 당연한 거 아닌가라고 생각하셨을 겁니다. 하지만 생각해 봅시다. '걸음마를 배우자마자 우리는 바로 계단을 척척 올랐는가? 우리는 아기 때 땅에 떨어진 것을 주워 입에 넣은 적이 한 번도 없는가? 그리고 마지막으로 우리는 소파와 식탁 등에서 그냥 뛰어내려 머리를 찧고 운 적이 없는가?' 제가 대신 대답해 드리겠습니다. 있습니다. 많이 있습니다. 아마 수백 번 그런 분들도 있을 것입니다. 어른인 우리가 지구라는 물리적인 환경 (중력과 기후, 그리고 인간이 인공으로 조성한 모든 생활환경) 속에서 안전하게 자기 몸을 간수하고 있는 이유는 오로지 어린 시절의 '좌충우돌'의 경험 덕분입니다. 그렇게 머리를 찧고 무릎이 까지는 경험이 내 몸속에 입력되어 있어야만 우리는 우리 몸을 안전하게 운전하고 살 수 있는 것입니다.

이것은 인간뿐만 아니라 모든 포유류가 동일합니다. 생각해 봅시다. '부산스럽다'라는 말을 기준으로 볼 때 개, 고양이, 호랑이, 소, 그 어떤 동물을 보더라도 다 큰 녀석들보다는 새끼들이 더 부산스럽습니다. 그들이 어리고 철이 없어서 그렇습니까? 아닙니다. 그들은 그들이 일생을 살아갈 지구 환경과 자신의 몸을 부딪쳐 가면서 생존 훈련을 하고 있는 것입니다. '물리적 환경'의 정보를 경험을 통해 그들의 뇌에 축적시키고 있는 것입니다. 직립 보행을 하는 인간의 아이들은 이 과정을 훨씬 더 길고 정밀하게 경험하게 되고 이 과정에서 정말로 많은 정보를 머리 속에 축적시키는 것입니다.

'영어학습법' 책에 무슨 생물학 이야기냐 싶으시겠지만 '어린이가 무엇에 가장 관심을 가지고 반응하는가'를 이해하는 데 있어 앞의 사실은 고양이와 친해지려면 '그 털을 절대로 쓰다듬어야 한다는 것'과는 비교도 안 될 정도의 필수 숙지 사항입니다.

아이가 초등 저학년이라면 '감각적인sensory' 것, 그것 이외에는 아무 관심도 가지지 않는다는 말씀을 드리려는 것입니다. 아이가 어리고 미숙해서가 아니라 그 나이에는 그것이 가장 중요하기 때문이고, 그래서 우리가 영어를 가르칠 때에도 아이가 (아이의 뇌가) 가장 절박하게 요구하는 정보를 중심으로 영어공부를 시키면 완전히 쏙 빠져 들게 된다는 말입니다.

다음의 지도의 예를 보겠습니다. (문단열의 〈isponge 유치원〉의 sensory 영어학습 제1과에 나오는 내용입니다.)

선생님이 종이 컵에 물을 부어서 들고 있습니다. 물에 손가락을 적신 후 아이들에게 살짝 뿌리면서 "sprinkle!"이라고 반복적으로 말합니다. 아이들에게도 종이컵에 물을 나누어 주고 서로 뿌리라고 합니다. 아이들 중 그 누구도 sprinkle이 무어냐고 묻지 않습니다. 어떻게 스펠링하냐고 써 달라는 아이도 물론 없습니다. 아이들은 바로 선생님의 동작과 말을 따라하며 낄낄대면서 서로에게 물을 뿌려 댈 것입니다. 선생님이 똑같은 동작을 반복하면서 "Sprinkle once, sprinkle twice, sprinkle three times!" 이렇게 반복적으로 외칩니다. 아이들이 또 똑같이 따라합니다. 숫자를 번갈아 가며 장난을 치다 보면 아이들은 그게 '물을 몇 번 뿌리라는' 말이라는 것을 3분 내로 터득합니다. 역시 이 과정에서도 아이들을 그것이 한국 말로 '물을 뿌리다'라는 뜻이냐고 묻지 않습니다. 아이들에겐 영어 sprinkle이, 그리고 once, twice, three times(한 번, 두 번, 세 번)라는 말이 마치 모국어를 배울 때처럼 한국어라는 매개를 통하지 않고 바로 학습됩니다. 진정한 '학습'인 것입니다.

무엇이 '재미'있다는 것을 확인하려면 대상자들이 얼마나 집중하는지, 그리고 얼마나 웃는지 보면 금방 알 수 있습니다. '의외성'으로 주는 재미가 엔터테인먼트적entertainment이라면 '관심사'를 다루는 재미는 교육적education 재미라 할 수 있습니다. 어린이가 재미를 느끼는 것은 '그 나이의 두뇌가 관심을 가지는 것', 즉 '보고, 듣고, 맛보고, 만지는' 온몸으로 만나는 세상 경험이라는 겁니다. 그런 활동에 영어학습의 초점이 맞추어지기만 한다면 아이들이 영어학습을 재미없어할 리 없습니다.

나이에 맞는 학습법은 따로 있다

네 개의 연령군, 네 개의 지도법

미취학~초등 저학년 아동들의 뇌가 무엇에 가장 민감하게 반응하는가에 대해 앞에서 상세히 설명했지만 사실 이것은 다른 연령대의 대상들과 그 상황이 어떻게 다른가를 확실히 알지 못하면 감이 잘 오지 않을 수도 있습니다. 사실 이 책을 읽고 있는 여러분은 아이 때문에 책을 샀다고는 하지만 앞 장에서 서술한 바와 같이 '영어를 좋아하는 연기'라도 해야 하는 입장이기에 아이뿐만 아니라 본인을 위해서라도 어른들을 위한 학습법, 혹은 어른들의 언어 습득 과정이 아이들의 경우와 어떻게 다른지 이해하는 것이 아주 중요합니다. 다 자란 뇌가 새로운 언어를 받아들이는 방식은 아이들의 그것과는 현저히 다릅니다.

지금부터 전체 연령을 성인(13세 이상), 초등 고학년(8~12세), 그리고 초등 저학년에서 만 4세까지, 마지막으로 만 3세 이하의 순으로 나누어 설명해 보겠습니다.

아빠와 중학생 형의 지도법
합리적으로 설명하라!

'성인들이 어떻게 영어를 학습하게 되는가'는 한마디로 '합리적으로'입니다. 뭐 반복을 많이 해야 한다든가, 많이 듣고 많이 말해야 한다든가, 외국 여행을 하면 좋다든가 하는 그런 당연한 이야기는 제외하고 그렇다는 말입니다.

지금 이 글을 읽고 있다면 여러분은 분명히 성인일 것입니다. 여기서 성인은 사춘기에 확실히 진입한 만 13세 이상으로 보시면 됩니다. 사실 사람의 두뇌는 대체로 중학교 3학년 정도까지 그 틀이 완전하게 잡히고 (그러니까 집으로 말하자면 집이 완공되고 가구만 없는 상태) 그 이후로는 그 틀 안에 지식을 채워 넣는 (가구나 액자, 액세서리가 들어오고 벽지를 바르고 하는) 일만이 남게 된다고 봅니다.

특히나 새로운 언어를 받아들이는 데 있어서 중학생 이상 된 아이들은 더 이상 그 이전의 아이들처럼 별다른 갈등 없이 무작정 외우거나 따라하지 않고 아주 성인적인 특성을 보입니다. 그 '성인적 특성'이란 바로 무엇이든 새로운 것을 받아들일 때 '합리적 설명'을 요구한다는 말이지요.

어려운 이야기를 늘어놓는 것보다는 다음의 예를 한번 실제로 공부해 봅시다.

You scared the living daylights out of me!
(간 떨어질 뻔했잖아!)

위의 문장을 읽으면 여러분은 무슨 생각이 드십니까? '이게 왜 이런 뜻이 되지? 간 떨어진다는 표현이 문장 안에 어디에 있는데? living daylights는 또 뭐지? 하나도 이해가 안 가는데…' 등등이요?

아이들은 어떨까요? 결론부터 말씀드리자면 아이들, 특히 7세 이하의 아이들을 이런 문장을 보고 따라하면서도 그 누구도 '그게 왜 그런 뜻이 되지?' 같은 '합리적 의심'을 품지 않습니다. 아이들은 그저 그렇다고 하면 그런 줄 압니다. 그냥 따라하라면 하고 그걸 반복하며 그냥 외워 버립니다. 하지만 어른들은 전혀 그렇지 않습니다. 머리에 '비판능력'이 생겼기 때문입니다.

자, 그러면 어른들을 위한 설명을 한번 들어 보시죠.

- scare라는 말은 '놀라게 하다'라는 타동사입니다. 타동사란 대상을 필요로 합니다.
- You scared me라고 했으니 '니가 날 놀라게 했다'가 됩니다.
- living daylights는 직역하면 '살아 있는 낮의 빛'인데 이것은 '영혼'이라는 뜻입니다.

- 조합해 보면 You scared the living daylights / 너는 내 영혼을 놀라게 해서 out of me/ 내 밖으로 쫓아냈다.
- 결론적으로 '니가 놀라게 해서 혼이 다 나갔다'.
- 그래서 '야, 간 떨어질 뻔했잖아!'가 되는 것입니다.

어떻습니까. 이 설명을 읽으면서 고개를 <u>끄</u>덕인 분이 분명히 계실 것입니다. 문장이 너무 어려워서 고개도 <u>끄</u>덕이지 못했든 이해가 간다고 <u>끄</u>덕<u>끄</u>덕하셨든지 간에 한 가지 확실한 것은 우리 성인들은 이런 '합리적 설명'이라는 과정 없이 You scared the living daylights out of me!라는 문장을 그냥 외워서 쓰라는 말을 절대로 받아들이지 않는다는 사실입니다. 그래서 중학생 이상의 아이들에게 '그냥' 공부를 시키면 반드시 재앙에 부딪히게 되어 있습니다. '그냥 필리핀으로 유학을 보내고' '그냥 원어민 반에 밀어 넣고' '그냥 교과서를 외우게 하고…' 그런 억압으로 당장은 효과가 날지 모르지만 억지로 눌러 놓았던 스프링이 언젠가 튀어 오를 것은 불을 보듯 뻔합니다.

그래서 성인의 뇌를 가진 사람들에겐 꼭 '자세하고 친절한 설명'이 필요합니다. 지금 제가 성인으로 언급하고 있는 대상인 중학생 이상의 학생, 혹은 이 글을 읽고 계신 학부모님들에게 두 가지 경우로 나누어 실질적 조언을 드리겠습니다.

학부모의 경우

1. 학원 등록 : 초급이라면 회화 학원 등에 등록할 때 반드시 이중언어bilingual 반(한국어와 영어를 동시에 사용하는)에 등록하십시오. 영어공부는 그렇게 하는 거라면서 처음부터 원어민 반에 들어가는 것같이 미련한 일이 없습니다. 앞에 말씀드린 것과 같이 반드시 새로운 것에 대한 '설명'이 필요하고 그것은 모국어로 행해져야 확실한 이해에 이릅니다.

2. 문법 학습 : 문법은 책부터 집어 드는 것은 좋지 않습니다. 반드시 하다가 말게 되어 있습니다. 언어라는 학습은 혼자서는 못 하는 겁니다. 다들 자신의 '의지박약'을 탓하지만 절대로 상호교감 없이 무엇을 터득하는 사람은 없습니다. 언어에 관해서만은 그렇다는 겁니다. 문법 기초가 약하다면 학원이나 온라인 교육을 찾으십시오. 문법을 문법으로 가르치는 반이 아닌 '회화를 위한 문법'을 가르치는 과정을 찾아 등록하는 것이 좋습니다. 문법에 얽매이지 말라 하지만 사실 최소한의 문법(말하자면 단어를 늘어놓는 질서에 관한)에 대한 이해 없이는 좀처럼 자신 있게 입을 열 수가 없습니다.

3. 교재 선택 : 영어로 모든 것이 쓰여 있는 소위 ELT(교실영어) 교재는 피하십시오. 뭐 한마디라도 아주 구체적으로 미주알고주알 설명하는 교재가 좋습니다. 교재를 선택한 후에는 의문이 나는 것을 주위의 영어 잘하는 지인이나 출판사의 게시판 같은 곳에 집요하게 질문해서 꼭 궁금증을 풀어야 합니다. 위에서 누차 말씀드렸듯이 성인들은 그 '합리적 의심'에 대한 '합리적 해결' 없이는 절

대로 새로운 지식을 받아들이지 않기 때문입니다.

중고생의 경우

1. 학원 등록 : 기초가 있다면 몰라도 기초가 없는 학생을 원어민이 진행하는 회화반에 밀어 넣는 것은 반드시 재앙을 초래합니다. 이것은 앞의 성인의 경우와 동일합니다. 이미 아이의 뇌는 반드시 합리적 설명을 요하는 단계에 와 있고, 이해도 가지 않는 말이 1시간 내내 난무하는 수업시간을 보내는 아이는 엄청난 스트레스에 시달리게 됩니다.

여기서 기초란 중1 정도 영어 문법의 70% 이상을 이해하는 것을 말합니다. 그 기준을 잘 모르시겠다면 아래를 보시면 됩니다. 아래의 문법 용어는 영어 문법이라는 전체의 건물을 구성하는 하나하나의 벽돌과 같은 요소들입니다. 아래의 문법 용어 중 어느 하나라도 확실히 이해하고 설명할 수 없다면 '기초가 없는' 것입니다.

a. 8품사

b. 문장구성 5요소

c. 구와 절

d. 5형식

만약 기초가 없는 학생이 학원에 등록하는 정도가 아니라 필리핀이나 미국 연수 같은 큰일을 겪게 된다면 그 재앙의 정도는 더욱 커지게 됩니다. 모든 환경이 갑자기 영어로 바뀌는 것, 그것이 주는 압박은 어린아이의 경우보다 사춘기에 들어선 아이에게 훨씬 크게 작용합니다. 어린아이라면 어떻게든 적응해 나가겠지만 이미 머리가 커 버린 중고생의 경우 '설명되지 않은 내용'을 일방적으로 쏟아 붓는 원어민 수업을 받을 때 그 스트레스는 상상을 초월합니다.

2. 기타 학습 : 사춘기 학생들을 위한 문법 등 기타 학습은 비록 이 책의 주요한 내용은 아니지만 초등 저학년이 있는 집에 그들의 언니 오빠가 있을 수도 있으니 언급해 두고 넘어 가겠습니다. '기초가 없다'거나 '영어공부를 못 따라간다'고 해서 어느 정도 기초가 있는 학생들이 공부하는 곳에 그냥 밀어 넣으시면 안 됩니다. 위에서 언급한 기본적 문법 사항을 완전히 터득하게 한 후에 한발 한발 나아가야 하는데 그것을 위해서 가장 좋은 방법은 아래의 세 가지 방법입니다. 학습 효과는 a, b, c 순서대로입니다.

a. 개인교습 : 아예 처음부터 차근차근 다시 가르칠 수 있는 선생을 구합니다.

b. 외국어 학원의 기초반 : 주로 성인들이 다니는 외국어 학원에 '길거리 영어 간판만 읽을 수 있다면' 시작할 수 있는 초보반이 있는 경우가 있습니다. 이런 곳에서 시작하는 것이 좋습니다.
   (입시학원 중에는 이런 곳이 없습니다.)

c. 아주 기초 문법을 아주 기초로 가르치는 온라인 강좌

성인들의 영어공부에 대한 방법을 한마디로 요약해 보면 역시 '합리적으로'입니다. '무조건 외우라'든지, '일단 외국에 가라'든지 하는

좀 무식한 방법은 성인들을 지치게 합니다. 차근차근 말이 되는 방법으로 나아가는 것이 중요하다는 말씀입니다.

초등 고학년 누나(3~6학년)의 지도법
실용적으로 유도하라!

초등 고학년 역시 이 책의 교육 대상은 아니지만 그래도 집집마다 이 나이 때의 형 누나들이 존재하므로 그냥 지나칠 수 없는 연령대라 간단하게 언급을 하도록 하겠습니다. 어른들과 아이들이 영어학습을 이분법적으로 나눈다면 위에서 지적한 바와 같이 '합리적-감각적'이라는 대별적 패러다임이 되겠지요. 그런데 초등 고학년의 경우는 참 애매합니다. 이들이 어른도, 그렇다고 딱히 아이도 아니기 때문입니다. 어떤 부분에서는 여전히 '아이스럽게' 가르쳐야 하고 또 어떤 부분에 대해서는 어른들 수준의 '설명'이 필요하기 때문입니다. 가장 헷갈리는 이들의 지도법을 한마디로 요약하면 '실용적으로'가 되겠습니다.

예전에 한 출판사에서 초등 고학년 남자 아이들에게 다음과 같은 설문을 돌린 적이 있었습니다. 질문 중에 '영어로 가장 하고 싶은 말은?'이라는 것이 있었는데 대답 top3가 아주 흥미롭습니다.

1위 : 저 아이를 좋아해

2위 : 숙제하기 싫어

3위 : 똥 마려

확실히 어른스러운 관심사와 아이스러운 유치함이 뒤죽박죽되어 있는 느낌이지요. 이들은 문법을 가지고 설명만 하려 들면 지루해하고, 공놀이를 하면서 영어를 가르치면 유치해하는 연령대라서 적합한 지도법을 찾기가 여간 어려운 것이 아닌데, 이들에게도 '아킬레스건'이 있습니다. 그것은 바로 '실용적으로'라는 키워드입니다. 유치함으로도, 합리적으로도 잡히지 않는 이들의 관심을 '실용성'으로 잡아 낼 수 있다는 것은, 바로 아래와 같은 경우를 말합니다.

Can you tell me how to get to Shinchon Station?

(신촌역까지 어떻게 가는지 알려 주실 수 있으세요?)

이 한 개의 영어 문장에 접근하는 방법은 여러 가지가 있을 수 있습니다. '합리적' 접근이라면 이 문장을 문법적으로 차근차근 알려 주는 것입니다. '감각적' 접근이라면 아이들을 데리고 거리로 나가서 손짓 발짓 하면서 이 한 문장을 하루 종일 써 보게 하는 것일 겁니다. 하지만 전자의 경우는 초등학교 고학년이라면 바로 싫증을 느낄 것이고, 후자의 방법은 확실히는 배우겠지만 효율이 너무 떨어집니다. 그런 간단한 활동에 오래 집중할 리도 없습니다.

방법은 바로 '패턴 반복 학습'입니다. 딱히 복잡하고 완벽하게 설명할 필요 없습니다. 그냥 다음과 같이 설명합니다.

"길을 잃었을 때 영어로 목적지까지 찾아 올 수 있는 방법이 있는데 이렇게만 하면 되거든. 자 외워 볼까? Can you tell me how to get to (   )."

그러고는 손짓하며 말로 반복하게 합니다.

어른들이라면 "문장의 구조가 어떻게 되는 거지요?" 하고 묻겠지만 신기하게도 아이들은 아무도 그런 것을 묻지 않습니다. 그냥 '아, 이걸 외우면 외국에서 길을 잃어도 집을 찾나 보다…' 하면서 무작정 그 발음을 따라합니다. 그리고 이 길고 긴 패턴을 그냥 '소리'로 외워 버립니다. 그저 채워야 할 것이 괄호 부분이고 그 괄호 안에 자신이 가고 싶은 곳을 신촌, 강남역, 종로 이런 식으로 바꿔 끼기만 하면 된다는 것을 깨닫는 것으로 학습은 끝납니다. 이들이 이렇게 학습한 것은 잘 까먹지도 않습니다. 그들 역시 어린이들이라 어린이만의 특권을 누리는 것입니다. 이들이 자라나서 사춘기가 되고 또 문법을 자세히 공부하게 되면 그때에 가서 '아하, 그것이 바로 이것이었구나' 하고 알게 될 것입니다. 바둑에서 포석이 본진을 만나는 기쁨, 적진에서 우군을 만나는 기쁨을 느끼게 되는 것입니다.

이 시기의 아이들에게는 흔히 말하는 '패턴 프랙티스pattern practice'가 제격입니다. 제일 좋은 교재로는 근 30년 동안 베스트셀러인 『Side by Side』를 권합니다. 주고받는 대화의 예를 제시한 후 수없이 많은 상황에 대입시켜 끝없는 반복 연습을 유도합니다. 제가 처음 강사 생활을 시작하던 80년대에도 인기를 끌던 이 책은 지금도 변함없이 전세계적으로 베스트셀러 반열에서 탈락하지 않고 건재하고 있습니다.

제가 강남의 어학원에서 강사 생활을 시작하던 1987년, 낮 시간에 주부반을 하나 맡게 되었는데 그 반에서 공부하던 어머니 두 분이 어느 날 저에게 자녀들의 영어 과외 지도를 부탁하셨습니다. 초등학교 3학년, 4학년의 학생들이었는데 영어의 기초는 별로 없는 상태였습니다. 이 아이들을 데리고 처음 시작한 책이 바로 『Side by Side』였습니다. 회화적인 틀을 완벽하게 제시하는 것은 물론, 총 4권의 책이 문법의 난이도에 따라 조밀하게 설계되어 있어서 '문법 용어를 언급하지 않으면서도 문법을 실질적으로 익힐 수 있는' 최고의 책이었습니다. 그러니까 지금 제가 이 장에서 말씀드리고 있는 '초등 고학년에겐 실용성'이라는 점을 완전히 충족시키는 책이었지요.

사람이 문법을 익히는 방식은 딱 두 가지밖에 없습니다. 하나는 아주 합리적으로 설명하는 것이고, 또 하나는 구체적 설명이 없더라도 비슷한 패턴을 단어를 갈아 끼우며 무한 반복하는 것입니다. 예를 들어 'Where is~'를 설명하려면 딱히 '의문사'라든가 'be동사'라든가 하는 언급 없이도 아래와 같은 방법이면 가능하다는 것입니다.

- Where is John?

　He is in the garden.
- Where is Tom?

　He is in the living room.
- Where is Bill?

　He is in the dining room.

위의 예에서 'Where is~'라는 패턴은 동일하고 뒤의 이름만 바뀐 것을 볼 수 있습니다. 일단 이것이 누가 어디 있는 것을 묻는 말이라는 것만 눈치를 채면 아이들은 바로 갈아 끼울 부분을 스스로 갈아 끼울 수가 있는 것입니다. 『Side by Side』(혹은 그 아류의 책들)은 바로 이런 원리를 이용한 회화책이면서도 문법책인 것이죠. 그래서 저는 일체의 문법적 설명을 자제하면서 아이들에게 이 책을 읽히고, 대화로 실습하고, 쓰게 하고, 또 외우게 했습니다.

그렇게 완전히 외우게 하면서 1년 반쯤이 지나서 이 책의 3권쯤에 이르렀을 때 두 아이의 엄마 중 한 분이 조심스럽게 이렇게 물었습니다. "저, 선생님… 그런데 우리 아이들 문법도 좀 할 수 없을까요? 학교의 아이들이 다 문법을 시작한 상태라 영어를 잘하면서도 문법 얘기만 나오면 꿀 먹은 벙어리가 되어서 아이들이 좀 스트레스를 받습니다…" 그래서 제가 이렇게 말했습니다. 중요한 대화였기에 제가 한 말을 토씨 하나 안 틀리게 기억하고 있습니다.

"어머니 마음이 급하신 것은 이해합니다. 하지만 문법이라는 합리적 설명보다는 지금 이 나이에는 하나라도 더 실용적으로 외우고 반복하는 것이 중요합니다. 문법이 소화제라면 지금 공부하는 패턴 프랙티스는 음식입니다. 배가 불러야 소화제도 필요한 것입니다. 그리고 지금 다른 아이들이 먼저 길을 떠난 것은 맞지만 그들은 자전거를 타고 가고 있습니다. 하지만 우리 아이들은 지금 스포츠카를 조립 중입니다. 일단 4권까지 마치고 조립이 다 끝나면 앞서 가고 있는 아이들을 하루에도 따라잡을 수가 있습니다."

어머니는 이해했고, 저는 아이들을 초등학교 졸업하기 전까지 전권을 술술 외우게 해 주었습니다. 결론이요? 지금은 애 엄마 아빠가 되어 있는 이 아이들, 하나는 서울대, 하나는 연세대에 진학했고 둘 중 하나는 세계적 권위의 영어 프레젠테이션 대회에서 우승했다고 전화를 걸어 왔습니다. 그가 26세 되던 해에요. 한 가지 더, 이들은 지금은 일본어까지 능통해져서 그야말로 우리가 말하는 '글로벌 인재'가 되어 전 세계를 뛰어다니고 있습니다.

일단 책방에 가셔서 『Side by Side』가 어떻게 생겼는지 확인해 보십시오. 초등 고학년의 회화 및 문법 예비 교재로 강추입니다. 단, 한 가지 약점이 있다면 엄청난 반복 학습으로 약간 지루할 수도 있다는 정도입니다. 하지만 그림이 많아서 이 또한 잘 커버되는 편입니다.

내 아이(4세~초등 2학년)의 지도법
감각적으로 놀게 하라!

자, 이제 기다리고 기다리시던 초등 저학년 이하 아이들의 영어 지도법으로 진입해 보겠습니다. 앞에서 한 번 자세한 이야기를 한 적이 있기 때문에 일단 간단히 요약부터 하자면 이 시기 아이들의 영어 지도는 '합리적인 설명'도 중요치 않고 (뭐, 추상적인 이야기를 아무리 해 봐야 이해하려고 하지도 않고, 또 이해할 능력도 없는 시기니까요) 또 아무리 '실용성'을 강조해도 그것 또한 이해하기 힘든 시기이기 때문에 아이들에게는 아이들의 유일한 관심사인 '감각적인 sensory' 것을 동원해, 설명하는 것이 아니라 '해 보는' 쪽으로 가닥을 잡는 학습만이 성공할 수 있습니다. 이 시기의 아이들이 가지는 특징(장점으로 작용하기도 하고 단점으로 작용하기도 하는)을 다음과 같이 정리해 보겠습니다.

1. 무조건 흡수한다 : 한마디로 낯선 환경이나 새로운 배움에 대해 '묻지도 따지지도' 않습니다. 그리고 나이가 어릴수록 별반 스트

레스를 받지도 않는다는 특성이 있습니다. 위에서 사춘기에 이미 진입한 아이들을 원어민 수업에 함부로 집어넣으면 재앙이 될 수도 있다고 수차례 이야기했지만 유치원생들의 경우 이런 부작용이 훨씬 적습니다.

예전에 어린이 교육을 참관하러 미국의 한 유치원을 견학한 일이 있습니다. 유치원의 선생님에게 이런 저런 이야기를 듣다가 최근에 한국에서 온 5세 아이가 하나 있다는 것을 알았습니다. 호기심이 발동하여 그 아이를 불러서 물었습니다. "친구들하고 영어 잘 통하니?" 아이는 무심히 "아뇨" 하고 대답했습니다. 제가 또 물었습니다. "그래서 많이 답답하니?" 아이에게서 돌아오는 대답은 똑같았습니다. "아뇨!" 제가 확인 차 또 물었습니다. "여기서 공부하고 애들하고 노는 게 재미있어…?" 아이의 대답은 단호했습니다. "네!" 어린아이들은 환경이 변하면 그냥 그런 줄 압니다. 스트레스를 안 받는 것은 아니지만 적어도 어른들처럼 죽도록 안 받아들이고 하진 않는 것입니다.

2. 움직이며 배운다 : 흔히, '근운동kinesthetic'이라고 전문가들이 부르는 분야입니다만 별로 어려운 개념은 아닙니다. 이 시기 아이들의 모든 배움은 앞에서 설명한 것과 같이 자신이 평생을 살아갈 세상과의 물리적 교감입니다. 물리적으로 교감한다는 것은 더 쉽게 말해 몸으로 반응한다는 것입니다. 예를 들어 다 큰 어른들이 남의 집에 가서 거실에 떡하니 붙어 있는 신형 TV를 보고 신기해

한다고 해서 주인에게 어느 회사 제품이며 얼마나 주었는지를 물어볼지언정 그것에 다가가서 굳이 만져 보거나 그것을 깨물어 보거나 하지는 않습니다. (어른이라서 그런 것이 아니라 어릴 때 다 해 봐서 그런 겁니다.) 하지만 아이들은 다릅니다. 무엇이든 다 만져 보려고 합니다. 사자가 뱀에게 다가가지 않는 것은 어릴 때 툭툭 건드려 보다가 호되게 당한 경험이 있어서이고 길거리 개들이 찻길로 뛰어들지 않고 골목에서 활보하는 것은 어릴 때부터 찻길이 무서운 것을 경험으로 알기 때문입니다.

저는 얼마 전 '겨울옷'을 입은 애완견이 주인을 갑자기 잃고 대로에 뛰어들어 정신을 못 차리는 것을 보고 '감각적 세계'를 어릴 때 몸으로 부딪쳐 배우지 못한 어른이 얼마나 큰 위험에 처할 수 있는지를 새삼 느꼈습니다.

아이들은 무엇이라도 여하튼 만져 보려 하고 웬만하면 먹어 보려 합니다. 그것이 그들의 삶이고 그것이 그들의 뇌가 요구하는 것입니다. 그래서 아이들의 영어학습은 '몸으로 움직이는 것'을 통해야 합니다. 다음의 예를 봅시다.

우리는 이런 문장을 아이에게 어떻게 가르쳐야 할까요? 최악의 학습법부터, 이 책이 제안하는 최선의 학습법까지 순서대로 나열해 보겠습니다.

Put the red ball in the red bin.

(빨간 통에 빨간 공을 넣으세요.)

• **최악의 학습법 :**

아이에게 각 단어의 품사를 말해 주고, 문장이 몇 형식인지 설명한 후 10번 이상 쓰라고 한다.

– 코미디 같다고 여기시겠지만 아직도 아이들에게 이렇게 공부를 시켜야 그것이 진정한 의미의 영어교육이라고 생각하는 사람들이 정말 많습니다.

• **그저 그런 학습법 :**

문장을 여러 번 따라 읽게 한다. 그림이 있는 책으로 영어로 red, blue, green 등의 색깔을 가르쳐 준 후 문장의 의미를 설명하고 문장을 외우게 한다.

– 그럴듯해 보이지만 여전히 학습은 책 위에 머물러 있습니다. 책이 아무리 화려해도 책일 뿐이며 아이들이 진정 무엇을 배우는 곳은 현실의 공간이라는 것을 명심하세요.

• **최고의 학습법 :**

여러 가지 색깔의 박스를 마련한다. 여러 가지 색깔의 공을 산다. 아이에게 위의 문장을 말하며 빨간 공을 빨간 박스에 넣는 것을 보여 준다. "Put the green ball in the green bin" 하며 초록 공도 초록 박스에 넣는다. 이렇게 몇 번 한 후 아이에게 "Put the red ball in the red bin"이라고 영어로 명령한다. 신기하게 아이가 그냥 그 명령을 수행한다. 이번에는 내가 그렇게 행동하면서 그게 영어로 뭐냐고 묻는다. 좀 엉성하게 들릴지언정 아이는 이 문장을 대충 말한다.

사실 어른들도 이렇게 실제적으로 현실 속에서 공부를 하는 것이 뭐가 나쁘겠냐고, 그저 모든 걸 다 그렇게 겪어 보는 식으로 공부하는 것이 너무 시간이 들고 번거로우니까 그렇지 누군들 그렇게 안 하고 싶겠냐고 생각하시겠지요. 맞습니다. 어른들도 이렇게 공부하면 재미있고 정말 좋습니다. 하지만 어른들에게는 아이들과 다른 능력과 또 아이들과 다른 목표가 존재합니다.

우선 어른들은 책에서 배운 것을 현실 생활에 대입하는 능력이 있습니다. 예를 들어 그림책으로 빨간 공을 배웠다면 실생활에서 그것을 만났을 때에 '아, 이거 공부 했었는데…' 하는 응용력이 있다는 말입니다. 하지만 어린아이들은 다릅니다. 책은 책이고 실제는 실제입니다. 실제로 공부하지 않은 것을, 그러니까 문장으로만 접한 것을 실제 상황에서 '아하, 책에서 본 것이 이거로구나!' 할 수 있는 능력이 없다는 것이지요. 그래서 아이들은 사실상 모두 '경험'해야 합니다. 똑같이 경험할 환경이 못 된다면 가급적 유사한 상태를 경험해야 합니다. 그렇게 해 가지고 언제 그 많은 영어공부를 다 하냐고요? 그 지점이 또다시 어른들과 차별되는 지점입니다. 어린이들의 삶은 어른들의 그것만큼 그렇게 복잡하지 않습니다. 그래서 어른들이 알아야 하는 모든 단어와 문법을 어린이들이 다 구사할 필요는 없는 것이지요. 사실상 아이들이 익혀야 할

'감각언어sensory words'는 그리 많지 않습니다. 많아야 200개 정도입니다.

sensory & concrete 세계를 구성하는 레고 블록

여기서 잠깐 '감각언어'라는 것이 어떤 것이며 그것이 사람의 언어생활에서 얼마나 중요한 것인지를 좀 이해하고 넘어가야 하겠습니다.

7세 이하의 아이들에게 있어서 '감각언어sensory words·구체적 언어concrete words'라는 것은 세상이라는 환경 안에서 살아가고 그것을 말하기 위한 직접적인 다리가 된다는 것을 앞에서 누누이 말했지만 사실상 설명만으로는 부모님들도 이해하기 쉽지 않을 겁니다. 그래서 sensory & concrete의 정체와 그것이 우리의 언어생활에 미치는 어마어마한 영향에 대해 구체적으로 설명을 해 보려고 합니다. 아래의 한국어를 잠깐 보겠습니다.

나는 이곳에 투자를 했다.

이 말을 어른들은 쉽게 이해하겠지만 아이들이라면 어떨까요? 초등 2학년 이하의 아이는 이런 말을 이해하지 못할 것입니다. 그런데 만약 이 말을 아이에게 꼭 이해시켜야 한다면 이 말을 어떻게 풀어서 해야 할까요? 가장 문제가 되는 부분은 '투자(投資)'라고 하는 한자어일 것입니다. 그런데 이 한자어가 만만치 않은 것은 사실상 이 한자어는 원래부터 한 개의 단어가 아니라 '투입(投入)과 자본(資本)'이라는 말을 한 글자씩 따서 묶어 놓은 것이기 때문입니다. 그러니까 이 말을 더 쉽게 풀어 보면 아래와 같이 될 것입니다.

나는 이곳에 투자를 했다.
➡ 나는 이곳에 자본을 투입했다.

하지만 아직도 만만치 않습니다. '자본'이라는 말도 어렵고 '투입'이라는 말도 초등학교 저학년이 알아듣기엔 무리가 있는 '추상적' 언어이기 때문입니다. 여기서 '추상적abstract'이라는 말이 바로 제가 말하는 sensory & concrete의 대척점에 있는 말입니다. '눈에 보이지 않는 것에 대한 언어'라는 말이죠. 저학년들은 '추상적 언어'에 굉장히 약합니다. 위에서 말씀드렸듯이 아직 머리가 영글지 않아서라기보다는, 그것보다 더 중요한 정보를 시급히 머리 속에 입력해야 하기 때문이지요. 그래서 우선 이 어려운 말을 '감각적이고 & 구체적으로' 바꾸어야 하는데 그것은 눈에 보이는 물건과 동작으로 바꾸어 주는 겁니다. 우리말의 경우는 '순우리말'이 거의 이런 감각적이고 기본적인 것을 표현하는 역할을 담당하고 '수입언어'인 한자어들이 추상적이거나 전문적인, 그러니까 '어려운 말' 쪽을 담당하고 있습니다.

자, 그럼 더 쉬운 우리말의 'sensory & concrete'한 단어로 위의 말을 번역해 보겠습니다.

나는 이곳에 투자를 했다.

➡ 나는 이곳에 자본을 투입했다.

➡ 나는 이곳에 돈(자본)을 넣었다(투입했다).

그런데 투자라는 말은 사실상 그냥 돈을 넣어서 소비했다는 것이 아니라 '미래의 이익을 위해'라는 의미가 함축되어 있으므로, 이 미래(未來)라는 추상언어와 이익(利益)이라는 말도 'sensory & concrete'로 바꿔 주어야 합니다. 그래서 최종판은 이렇게 될 것입니다.

나는 이곳에 투자를 했다.

➡ 나는 이곳에 자본을 투입했다.

➡ 나는 이곳에 돈(자본)을 넣었다(투입했다).

➡ 나는 나중에(미래에) 돈을 더 벌기 위해(이익을 위해) 이곳에 돈(자본)을 넣었다(투입했다).

마지막 문장의 순우리말들을 잘 살펴보십시오. 초등학교 저학년도 충분히 이해할 수 있는 말이지요? 이렇게 우리말에는 말의 구체성-추상성에 입각한 언어 표현의 '층위(層位, 계급)'가 존재합니다. 또한 이 세상의 어느 언어에도 존재합니다. 물론 영어에도 존재하지요. 위 문장의 층위에 따른 표현을 정확히 영어로 다시 옮겨 볼까요.

I invested here.

(나는 이곳에 투자를 했다.)

➡ I threw in money here.

(나는 이곳에 돈을 투입했다.)

➡ I put in money here in order to make more money later.

(나는 나중에 돈을 더 벌기 위해 이곳에 돈을 넣었다.)

자, 여기서 'invest(투자하다)'는 우리나라의 한자어와 같은 '추상적'인 말입니다. 미국 사람이라도 초등학교 저학년들은 웬만해선 알아들을 수 없는 말입니다. 하지만 'put in money'라고 한다면 이야기가 달라집니다. '돈을 집어넣다' 정도 되는 쉬운 말이기 때문입니다. 그야말로 눈에 보이는 '감각적·구체적' 말이 되는 것입니다.

우리의 저학년 아이들에게 영어를 가르칠 때도 마찬가지입니다. 흔히 '조기교육' 혹은 '영재교육'이라는 미명하에 초등학교 저학년 아이들에게 중학교 언니 오빠들이나 배울 단어를 가르치는 일이 비일비재합니다. 하지만 아이들이 배워야 할 것은 그런 추상적인 말이 아니라 척 보면 알 수 있고 손에 만져지는 듯한 감각적·구체적 언어입니다.

위에서 나온 put이라는 기본동사도 '구체적'인 것에 속합니다. 무엇인가를 '자리 잡아 놓는' 행동인데 이 구체적이고도 쉬운 동사에 방향이나 위치를 나타내는 in·out·on·off·up·down 등을 붙이면 수많은 기본적 동사표현들이 만들어집니다. 이것은 영어를 처음 공부하는 어린 시절에 반드시 익혀야 할 기본적인 것들로 처음엔 다음과 같은 기본적 동작들을 표현합니다.

put in — 넣다
    out — 내놓다
    up — 올려놓다
    down — 내려놓다
    on — (붙여 놓다)
    off — (떼어 놓다)

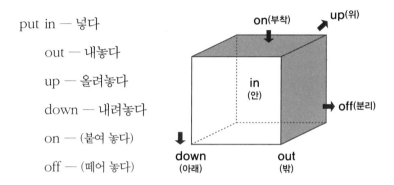

재미있는 것은 이런 아주 기본적인 구체적·감각적 표현법이 일단 자리를 잡으면 아주 세련되고 복잡한 것도 표현할 수 있는 기본적인 '레고 블록'이 된다는 것입니다. 위의 똑같은 기본 표현들이 어떤 의미로 확장되어 사용되는지 아래를 보십시오.

put in 넣다 ➡ 투입하다, 투자하다, 애쓰다
    out 내놓다 ➡ 배치하다, 내보내다, 불을 <u>끄</u>다
    up 올려놓다 ➡ 상향조정하다, 참다
    down 내려놓다 ➡ 지불하다, 착륙하다
    on (붙여 놓다) ➡ 바르다, 신다, 게시하다
    off (떼어 놓다) ➡ 벗다, 떼다, 제거하다

위와 같이 아주 기본적인 동사에 방향·위치를 나타내는 부사(전치사)를 결합한 것을 '구동사phrasal verbs'라고 하는데 유창한 영어 구사에 있어서 이런 구동사를 완전히 익히는 것은 집을 짓는 데 있어서 제대로 구워진 벽돌을 가지는 것만큼이나 중요한 일입니다.

그런데 이런 것을 언어 학습자가 언제 확실히 익힐까요? 바로 '어린 시절(4~7세)입니다. 그런 현상은 어느 나라 어느 언어나 똑같고, 우리의 아이들 역시 바로 이 시기에 이런 것이 '활동'을 통해 전달될 때 (이런 동작적인 것들이 책 같은 것을 통해서 효과적으로 전달될 것이라고 생각하는 것은 아이들이 요리책을 보고 실제로 탕수육을 바로 만들 수 있다고 생각하는 것만큼 어리석은 생각이겠지요.) 영어를 정말 재미있고 정말 머리에 쏙 들어오게 공부할 수 있는 것입니다. 원어민의 경우 위와 같이 기본적인 틀이 확실히 잡히고 난 후 학교에 들어가면서 소위 '추상적' 단어들을 여기에 더해 가는데 아래와 같은 구조로 발전하게 되지요.

put in 넣다 ➡ 투입하다, 투자하다, 애쓰다 ➡ invest 투자하다
out 내놓다 ➡ 배치하다, 내보내다 ➡ deploy 배치하다
up 올려놓다 ➡ 상향조정하다, 참다 ➡ bear 참다
down 내려놓다 ➡ 지불하다, 착륙하다 ➡ land 착륙하다
on (붙여 놓다) ➡ 바르다, 신다, 게시하다 ➡ wear 입다
off (떼어 놓다) ➡ 벗다, 떼다 ➡ remove 제거하다

가장 오른쪽에 있는 단어들이 우리가 흔히 학교에서 배우는 단어들인데 사실 이런 표현들은 왼쪽의 쉬운 표현들이 기초가 되어 주지 못하면 아무짝에도 쓸모없는 '공중누각'이 되기 쉽습니다.

구체적인 예를 하나 더 들어 보겠습니다. 이번에는 좀 더 '감각적인 언어'의 예입니다. 아래의 다층 구조를 살펴봅시다.

demolish — 파괴하다(고도추상)

➡ destroy — 파괴하다(추상적)

➡ break — 부수다(반半추상)

➡ squash, smash, crush, tear down

자, 일단 제일 상위에 존재하는 'demolish'는 어른들이라면 〈데몰리션 맨〉이라는 영화 제목으로 들어 보셨을 가능성이 있습니다만 사실상 아주 어려운 말에 속합니다. '폐건물을 해체'라는 뜻으로 사용하는 것으로 수명이 다한 것, 혹은 마땅히 없어져야 할 것을 멸망시킨다는 의미를 가진 고도로 추상적인 말로서 원어민들이라 해도 초등 고학년 내지는 중학생이나 되어야 배우는 단어가 되겠습니다.

'destroy'는 우리말의 한자어 '파괴하다' 정도의 뜻을 가진 영어로 원어민의 경우 초등학교 고학년은 되어야 배우는 단어입니다. 역시나 꼬마들이 쓸 말은 아니라는 뜻이지요. 한국의 어느 꼬마가 엄마에게 "엄마, 장난감이 파괴되었어" 이렇게 말하겠습니까. 그다음은 'break(부수다)'입니다. 얼핏 굉장히 쉬워 보이지만 사실 따지고 보면 이것도 아주 구체적인 말은 아닙니다. 그래서 '반(半)추상'이라는 단계를 붙인 것입니다. '부수다'보다 더 쉬운 말이 어디 있냐고 생각하시겠지만 사실 이 단어는 여러 가지 부서짐의 양상을 모두 경험한 후 종합적으로 인지할 수 있는 추상성을 가지고 있습니다.

만약에 어떤 아이가 다음과 같은 모든 상황을 '부수다'를 가지고 표현한다면 그것은 그 아이가 여러 가지 구체적 상황을 '부수다'라는 하나의 현상으로 인식했다고 할 수 있습니다. 즉 추상성을 이해하는 과정을 거친 것입니다.

카드로 만든 집이 무너졌다 — 조립이 해체되어 허물어짐
건물이 무너졌다 — 일체형의 물체가 깨어져 흩어짐
호두가 깨졌다 — 딱딱한 물체가 소리를 내며 여러 조각으로 깨짐
파도가 부서졌다 — 액체가 사방으로 튐

'부서졌다'라는 말이 똑같은 현상이라고 생각했지만 위를 보십시오. 이것은 정말로 많은 여러 가지 다른 현상의 공통점인, '원형을 잃게 된다'라는 말이라는 것을 비로소 깨달아야 쓸 수 있는 말인 것입니다. 그야말로 '추상적'인 말이지요.

그렇다면 이런 모든 말의 '원자(原子)'가 되는 가장 '감각적이고도 구체적인' 말은 어떤 것들일까요. 바로 아래와 같은 영어들입니다.

crush - 고체가 빠지직 하고 압력을 받아 깨지는 모습

(과자를 밟아 깨다/ 장미를 밟아 뭉개다/ 바퀴벌레를 때려 잡다…)

squash - 액체를 머금은 물체를 눌러 내용물이 빠져 나오다

(오렌지를 으깨다/ 송충이를 밟다/ 치약을 눌러 짜다…)

tear down - 일체형의 큰 물체를 해체시키다

(건물을 철거하다/ 간판을 떼어 내다…)

'break'라는 말은 지금 바로 위의 이런 말을 완벽히 쓸 수 있는 사람이 사용하는 말입니다. 납득이 잘 안 가실 겁니다. crush니 squash니 하는 말은 학교에서 '추상적' 영어부터 배운 우리들로서는 '영어 전공자나 구사할 수 있는' 어렵고도 문학적인 단어라고 생각하기 쉽지만 사실상 원어민이라면 이런 단어들은 3~7세에 다 습득하는 '세상에서 가장 쉽고도 와 닿는 말'인 것입니다.

자, 그럼 sensory & concrete가 어떤 단어들인지는 충분히 이해가 됐을 테니 이것이 영어를 구사하는 사람에게 있어서 얼마나 중요한지를 설명드리도록 하겠습니다.

영어회화에 좀 재미를 붙여 가던 무렵 저는 미국인 친구와 제 여자 친구에 대한 이야기를 하고 있었습니다. 그때 저는 여자 친구와 냉전 중이었는데 그 정황을 아래와 같이 표현했습니다.

"I told her what I thought and she closed the door with strength and left." (내가 그녀에게 내 생각을 말하자 그녀는 힘주어 문을 닫고 나가 버렸다.)

그러자 미국인 친구는 잠시 눈을 껌벅껌벅하더니 이렇게 되물었

습니다.

"You mean… she slammed the door and left?"

그제야 저는 '아아… 문을 꽝 닫고 나갔다는 말을 slam을 써서 표현하는구나…' 하는 깨달음과 함께 얼굴이 빨개지는 부끄러움을 느꼈습니다. 그러니까 저는 '그녀가 화나서 문을 꽝 닫고 나갔다'고 말해야 할 것을 '그녀가 문에 힘을 가해 문을 닫고 나갔다'고, 무슨 물리학 교실에서나 할 법한 말을 쓴 것이었습니다.

자, 생각해 봅시다. 이것이 바로 어릴 때 감각적인 언어를 배우고 못 배우고의 차이입니다. 거의 중3이 되어서야 영어를 본격적으로 시작한 저는 이런 '감각단어'를 따라잡는 데 많은 시간을 투자해야 했습니다.

'무엇인가를 힘 있게 보내는 동작'인 slam은 '슬램덩크'를 생각하면 쉽게 그 이미지가 떠오르는 단어일 겁니다. 테니스에서 세계 주요 대회를 다 '휩쓴' 경우에도 grand slam이라 하고, 야구에서는 만루 홈런을 그렇게 말합니다. 그러니까 '싹쓸이' 이미지가 되는 것이지요.

이런 감각적 언어들은 좀 더 효과적이고 설득력 있는 스피치를 위해서 정말 필요한 것인데 영어의 경우만 보아서는 아직도 잘 와 닿지 않으실 수 있습니다. 그래서 우리말의 경우를 한번 살펴보겠습니다. 아이가 학교에서 돌아와서 다음과 같이 말했다고 칩시다.

"엄마, 애들이 놀 때 나를 제쳐 놔. 그리고 선생님도 다른 아이들만 이뻐해."

그러면 엄마는 학교에 가서 선생님께 이 상황을 호소할 때 이렇게 말할 수 있겠지요.

"우리 애가 소외감을 많이 느끼고 선생님의 칭찬에 대해서도 박탈감을 느끼는 거 같아요…."

자, 위의 이야기를 가만히 봅시다. 일견 전혀 다른 표현인 거 같지만 '제쳐 놓고 놀다'는 '소외시킨다'의 다름 아닌 말이고 '다른 사람은 이뻐하고 나는 이뻐하지 않을 때' 느끼는 감정이 바로 '박탈감'입니다. 아이가 한 말은 완전히 sensory & concrete한 것이고 (그러니까 아이가 쓰기에 안성맞춤인 말이고) 어른이 쓴 말은 '추상적'인 말이됩니다.

한번 상상해 보십시오. 샘 해밍턴 같은 외국인이 우리말을 배워서 쓰는데 "저는 소외감과 박탈감에 고통받고 있어요"라고 말하면서 '사람들이 나를 제쳐 놓고 논다'든가 '다들 나만 미워한다'는 말은 전혀 모른다면 얼마나 이상하고 우스울까요.

어렸을 때 sensory & concrete에 능해지는 것은 아이의 영어 미래를 위해, 쉬운 말과 어려운 말을 적절히 섞어 쓸 수 있는 표현의 자유로움을 위해 반드시 필요한 과정입니다. 그런 멋진 영어의 초석을 바로 이 시기에 놓아야 하고, 또 그것을 위해 이 시기보다 더 좋은 때는 없다는 말씀을 드리고 싶습니다.

아이와 활용할 수 있는 Sensory & Concrete 표현들

1. 동사구

calm dow	진정하다
hold on	기다리다
get along	잘 지내다
give up	포기하다
grow up	자라다
fill out	작성하다
break down	고장나다
get together	모이다
work out	운동하다
pass away	돌아가시다
break up	관계가 깨지다
eat out	외식하다
look after	돌보다
run out	다 떨어지다
go on	계속하다
catch up	따라잡다
cut back on (something)	(섭취를) 줄이다
cut (something) out	하던 것을 멈추다
find out (something)	발견하다
do over	다시 하다
go ahead	먼저 하다
go on	일이 일어나다
count on	의지하다

hit it off	좋은 관계를 갖다
set up	조직하다 (세우다)
keep (something) up	계속하다
mess up	엉망으로 만들다
call off	취소하다
take after	(가족을) 닮다
think (something) over	깊게 생각하다
point out	지적하다
put (something) of	연기하다
show off	뽐내다
show up	나타나다
sleep in	평소보다 오래 자다
speak up	크게 말하다
base on	~에 바탕을 두다
work on	개선하기 위해 노력하다
stand out	눈에 띄다

2. 감각동사

Sensory words 감각적인 영단어들

SOUND WORDS (소리)	
buzzing	윙윙거리는
fizzing	발포성의 (쉬익 하는 소리를 내는)
laughing	소리 내서 웃는
barking	짖는

crunching	으드득하는 소리
screaming	꺅 소리 지르는
gasping	숨을 헐떡이는
slamming	문을 쾅 닫는
splashing	물이 튀는
giggling	낄낄거리는
shouting	소리 지르는
whispering	속삭이는
snoring	코를 고는
coughing	기침하는
squawking	시끄럽게 꽥꽥거리는

TOUCH WORDS (촉감)	
feathery	깃이 난
spongy	스펀지 같은
steamy	김이 자욱한
fluffy	솜털로 뒤덮인
sticky	끈적끈적한
freezing	엄청 추운
metallic	금속성의
sharp	뾰족한
moist	촉촉한
silky	비단 같은
slimy	끈적끈적한
slippery	미끄러운

tender	부드러운
cool	시원한
greasy	기름이 많은
oily	기름기가 덮인
smooth	매끄러운
thick	두툼한
tickling	간지러운
hairy	털이 많은
pocked	구멍이 나 있는
soapy	비누 투성이의
heavy	무거운
pointed	날카로운
soft	푹신한
downy	보송보송한
hot	더운
warm	따뜻한
humid	습한

TASTE AND SMELL WORDS (맛/냄새)	
minty	박하 향이 나는
sweaty	땀에 젖은
sweet	달콤한
rich	진한
floury	밀가루가 뒤덮인
sour	신

spicy	매운
cold	차가운
burnt	탄

SIGHT WORDS (시각)	
fine	섬세한
disgusting	구역질 나는
furry	털이 많은
tangled	엉킨
coarse	조잡한
grainy	낟알 모양의

3. 구체적 명사들

Concrete Nouns 기본적인 단어들

Ant	개미	bell	종
apple	사과	bird	새
arm	팔	book	책
baby	아기	box	상자
bag	가방	boy	소년
ball	공	brick	벽돌
basket	바구니	button	단추
bath	욕조	cake	케이크
bed	침대	camera	카메라
bee	벌	card	카드

cheese	치즈		monkey	원숭이
chest	가슴		moon	달
clock	시계		nail	손톱
cloud	구름		orange	오렌지
coat	코트		pencil	연필
cow	소		pin	핀
cup	컵		pocket	주머니
dog	개		potato	감자
door	문		ring	반지
ear	귀		school	학교
eye	눈		scissors	가위
face	얼굴		ship	배
fish	물고기		shoe	신발
garden	정원		snake	뱀
girl	소녀		star	별
hand	손		table	탁자
hat	모자		train	기차
heart	심장		tree	나무
horse	말		trousers	바지
house	집		umbrella	우산
key	열쇠		window	창문
knee	무릎		wing	날개
knife	칼		worm	벌레
leg	다리			
lip	입술			

이중 3번의 경우는 거의 모든 교육과정에서 그래도 비교적 잘 수행되고 있기 때문에 1, 2번을 중시하는 과정, 그리고 좋은 학원을 찾아내는 것이 중요합니다. 엄마가 직접 지도하는 경우라면 그런 교재를 찾아야 하는데 대부분 영미 계열의 원서들이 sensory & concrete의 지도에 충실합니다.

하지만 가장 중요한 것은 아무리 좋은 책이라 해도 그것을 전달하는 과정이 '실제적'이라야 한다는 것입니다. 손으로 만지고 부수고 맛보고 느끼는 과정을 가진 놀이 등을 통해 그것을 체득하는 것보다 좋은 영어공부 방법은 이 시기의 아이들에게 없습니다. 엄마와 함께 할 수 있는 영어 놀이에 관한 DVD들로는 다음과 같은 것들이 있습니다.

〈영어 놀이 DVD〉

〈슈퍼 와이(Super WHY)〉

미국 PBS Kids에서 2007년 9월부터 방송한 애니메이션 시리즈. 미취학 아이들이 책을 사랑하고 평생 독서하는 습관을 기를 수 있도록 기획됐다. 매회 책 한 권을 소개하고 슈퍼와이와 함께 책 속으로 모험을 떠나는 과정을 담았다. 동화를 각색해 소개하며 그 안에서 문제 해결력, 파닉스, 알파벳, 독해 방법 등을 익히도록 했다.

〈스콜라스틱 스토리북(Scholastic Storybook Treasures)〉

전 세계적인 인기를 누리는 그림 작가들의 베스트셀러 스토리북을 애니메이션으로 만들었다. 스토리북 내용을 읽어주거나 노래로 들려주어 정확한 발음을 들으며 학습할 수 있다는 것이 장점이다.

〈아서(Arthur)〉

등장인물들의 일상적인 대화를 통해 교훈과 지혜를 얻을 수 있는 대표적 학습 DVD. 초등학교 저학년 아이들이 공감할 만한 내용을 담고 있다.

자, 지금까지 말씀드린 내용을 한번 죽 훑어보겠습니다. 어른들 (13세 이상)은 '합리적 설명'이 없으면 영어에 흥미를 붙이기 좀처럼 어렵습니다. 초등 고학년(3~6학년)들은 '요걸 공부하면 넌 이런 걸 할 수 있다'고 설득하고 문법의 패턴을 회화적으로 응용하는 공부가 가장 좋습니다. 4~8세의 아이들은 감각적·구체적sensory & concrete 표현을 반드시 '실제적 상황'을 통해 만지고 느끼며 공부해야 한다고 했습니다.

한국 엄마들의 경우, 아이가 아직 어린데 조급하게 '책을 통한 학습'으로 몰아넣는 경향이 있습니다. 그것은 아직 자신을 통제하고 미래의 기쁨을 위해 현재의 무료함을 참고 견디는 능력이 없는 이 시기의 아이들에겐 '대재앙'이 될 수 있다는 것을 잘 알지 못하고, 또 알아도 그냥 무시하려고 하는 태도입니다. 반드시 역효과를 초래하게 될 테니 제 조언에 꼭 귀를 기울이시기 바랍니다. (이건 저 혼자만의 독특한 의견이 아니라 온 세계 교육학자들의 공통된 의견이자 '상식'입니다.)

자, 그럼 다음으로 넘어갑니다. 원래는 다루지 않으려고 했지만 현장 학부모님들이 수없이 질문하기에 0~3세의 조기 영어교육에 대해서도 짧게 언급하려고 합니다. 여하튼 열정들이 대단하시니까요.

아가들(0~3세)의 지도법
웬만하면 하지 마라!

기가 막힌 질문 하나.

어린이 영어 학습지도에 관한 강연회 도중 한 어머니가 손을 들고 다음과 같은 질문을 해 왔습니다.

"우리 애는요, 파닉스를 시작한 후로 자음을 다 끝마치고 모음을 6개월째 하고 있는데 너무 안 하려고 해서 지금 1개월째 쉬고 있거든요. 그런데 그냥 놔두면 뒤처질 것 같아서 시키긴 시켜야겠는데 이럴 땐 어떻게 해야 하나요?"

그래서 제가 물었습니다.

"애가 몇 살인가요?"

엄마가 대답했습니다

"26개월이요…."

"헐!"

그냥 요즘 애들 말로 '헐'밖에 안 나옵니다. 앞에서 사람의 두뇌 성장 과정에 따라 배워야 할 것과 배우는 방식이 모두 다름을 보았듯이 이 시기의 아이들에게도 배워야 할 것의 올바른 배움 방식이 따로 있습니다. 만 0~3세 아이들이 배워야 할 것은 파닉스도, 문법도, 감각언어도 아닙니다. 이들이 배워야 할 것은 오직 '당신은 사랑받기 위해 태어난 사람'이라는 사실 하나입니다.

생각해 보십시오. 우리가 한글을 몇 살에 깨친 것이 어른이 된 지금 우리의 일상에 도대체 무슨 영향을 미칩니까. 아무런 영향도 없습니다. 한글을 늦게 깨친다고 해도 결국은 다 한글을 읽게 됩니다. 이 시기에 가장 중요한 학습은 자신이 사랑받고 있다는 것을 알게 되는 것입니다. 이 시기에 제대로 사랑받지 못한 사람은 어른이 되어서도 '세상은 너무 차가운 곳'이라고 느끼고 내가 아무리 사랑해도 '결국은 사람들이 나를 배신할 것'이라고 믿게 됩니다. 한마디로 '염세적'이 된다는 것인데, 물론 성장과정에서 많이 달라지기도 하지만 '성격 자체가 밝은', 그래서 좋은 일이나 궂은 일이나 항상 성정이 밝은 아이들은 사실 따지고 보면 바로 이 시기에 사랑을 많이 받은 아이들이라는 것을 알 수 있습니다.

반대로, 공부를 잘해도 가정 환경이 나쁘지 않아 보여도, 별문제가 없어도 이상하게 항상 우울하고 방어적인 사람들, 그리고 항상 분노를 품고 있는 사람들의 경우 이 시기에 학대받거나 과도한 부모의 기대로 스트레스를 받으며 어린 시절을 보낸 경우가 많습니다. 아무도 언뜻 봐서는 그 이유를 알지 못하나 사실은 그 뿌리에 이런 문제가 도사리고 있는 것입니다. 그래서 0~3세의 영어 조기교육에 대한 제 견해는 한마디로 '하지 마라!'는 것입니다. 하지만 이렇게 말씀드리면 많은 분들이 '그 시기엔 조기교육의 효과가 없다는 말인가?'라고 반문합니다. 조기교육의 효과는 있습니다. 하지만 그것은 제대로 했을 경우입니다. 이런 어린아이들('아기'라고 부르는 것이 더 적절할 정도로 어린아이들이지만)에 대한 '영어 조기교육'이라는 것은 철저히 영어에 친숙함을 느낄 수 있게 하는 '환경 만들기' 이상도 이

하도 아니어야 합니다. 그런 것이라면 해도 괜찮습니다.

아이를 가졌을 때 엄마의 배에다가 vocabulary 22,000의 CD 를 들려주었다는 사람의 기사를 본 적이 있습니다. 여러분은 어떻게 생각하십니까. 그렇게 하면 아이가 태어날 때 "응애~" 하지 않고 "Thank you very much for your excellent choice of early education!"(현명한 조기교육에 감사드립니다!) 이렇게 말할까요? 천만에요! 지금까지 알려진 바로는 그렇게 어린 나이에 어른들의 영어를 많이 들려준다고 해서 어휘나 문법이 늘었다는 경우는 전무합니다.

다만, 다음과 같은 것은 사실입니다. 아무리 아기라 해도 외국어의 톤과 리듬 등은 충분히 느낄 수 있습니다. 그래서 다음과 같은 재

미있는 실험결과들이 발표된 적이 있었습니다.

1) 유럽에서 각 국가별로 태어나는 아기의 첫 울음소리 어조가 그 나라 말의 억양 특성에 따라 결정된다는 실험결과가 보고된 적이 있었습니다. 말하자면 불어는 문장을 마칠 때 끝을 올리는데 뱃속에서 그것을 10달간 들은 불어권 아기는 세상에 처음 태어나 "응애~" 하는 순간 끝을 올린다는 것입니다.

2) 미국에서 있었던 실험으로 영어를 구사하는 부모를 둔 아기에게 영어로 녹음된 문장과 똑같은 의미의 필리핀 따갈로그어로 된 문장을 들려주자 영어가 들려 올 때는 얌전히 있던 아기가 따갈로그어가 들려 오자 갑자기 맥박과 혈압이 상승했다는 내용입니다.

그러니까 아무리 어린아이라 할지라도 말의 내용은 알 수 없을지언정 그 말의 리듬이나 성조 등은 충분히 식별할 수 있는 능력이 있다는 것이고, 2번의 예에서 보는 것처럼 해당 외국어에 별로 노출되지 않은 아이들은 그런 말이 들려 올 때 스트레스를 받을 수 있다는 사실입니다.

어찌 보면 당연한 것 같은 이 사실은 우리에게 재미있는 시사점을 던집니다. 이 시기의 아이들에게 중요한 것은 그들이 '배우는' 영어의 내용이 아니라 그들에게 '느껴지는' 영어의 인상이라는 사실입니다. 정말로 그러하지 않겠습니까. 앞에서 설명한 것처럼 이 시기의 아이가 충분히 칭찬받지 못하고 충분히 사랑받지 못하면 세상을 적대적으로 여긴다는 점에서도 아이들이 알게 되는 것은 구체적인 사실에 대한 정보가 아니라 세상이 어떤 곳인가 하는 '인상'이었을 테니까요.

　강연회 도중 다음과 같은 질문을 받은 적이 있는데 여러분은 어떻게 생각하시나요?

　질문 : 우리 애 아빠는 CNN 뉴스를 즐겨 봅니다. 그런데 아빠가 뉴스를 보고 있는 그 시간에 3살짜리 아이도 항상 같이 있습니다. 아이가 아이에게 맞는 것을 보는 게 좋을 것 같지만 뉴스 보는 아빠 곁에 있는 것을 말릴 수도 없습니다. 이게 아이에게 어떤 영향을 미칠까요?

　대답은 '나쁠 것은 절대로 없다'입니다. 뉴스의 내용이 무엇인지, 뉴스가 부정적인지 긍정적인지 아이는 전혀 알지 못합니다. 하지만 아이라도 모를 수 없는 것은 뉴스에 집중하는 아빠의 자세입니다. 그 어떤 리듬을 가진 언어가 배경에 흐르면서 아빠가 진지하게 뉴스를 경청하는 모습은 아이의 뇌에 빠짐없이 입력이 됩니다. 훗날 아이가 학교에 가고 그 익숙한 리듬의 언어에 접속할 때에 아이는 아빠의 그 친숙한 자세를 자연스럽게 떠올릴 것입니다.

　하지만 정반대의 상황이라면, 그런 채널이 나올 때마다 재빨리 돌려 버리는 부모를 늘상 보아 왔다면 아이는 그것이 '영어'라는 것을 알아차리기도 전에 이미 감각적으로 영어를 배척하게 될 것입니다. '영어는 옆집 아저씨'와 같다는 저의 말을 떠올리면 쉽게 이해가 될 것입니다. 옆집 아저씨에 대해 틈만 나면 흉보는 것을 지켜보던 아이가 옆집 아저씨와 마주쳤을 때 공손히 인사하는 모습을 상상하기 힘듭니다. 반대로, 옆집 아저씨에 대해 항상 칭찬하는 말을 곁에서 들은 아이는 그 아저씨에게 무의식적 친밀감을 느낄 것입니다.

어떤 대상에게 어떤 자세를 취해야 할지 아이는 부모를 보고 배웁니다. 그래서 이 시기의 조기교육은 '영어에 대한 친밀감 형성'에 집중해야 하고 또, 그것에서 한 치도 벗어나면 안 됩니다. 그것에서 벗어나면 안 된다는 말은 정확히 말해 다음과 같은 것을 하면 안 된다는 말입니다.

1. 시험 보기 : 학습량을 정해 놓고 학습 성과를 확인하면 안 됩니다. 하려면 아이가 전혀 눈치 채지 못하게 해야 하고, 절대로 그 결과에 대해 아이에게 압박을 주면 안 됩니다. 이렇게 어린 시기의 아이는 반항할 생각을 못 하지만 하기 싫은 것을 하고 있다는 사실은 아이에게 상처로 차곡차곡 쌓이다가 아이의 머리가 커지면 한꺼번에 폭발합니다. '우리 아이만은 그렇지 않다…'고 자신을 속이는 부모가 되면 안 됩니다. 그저 '환경만' 조성해야 합니다.

2. 비교하기 : 다른 아이와 비교하는 것은 금물입니다. 어른도 싫어하는 것을 이 시기의 어린이들이 좋아할 리 없습니다. '남보다 잘한다'고 칭찬을 남발하는 것도 좋지 않습니다. (이 점에 대해서는 뒤에서 자세히 설명하겠습니다) 영어를 접하면서 그것이 재미있고 따뜻하고 좋은 것이라는 인식을 심어 줄 수 있다면 이 시기의 조기교육은 무조건 성공한 것입니다.

누누이 말씀드리지만 아이가 남들을 앞질러 가는 데에 초점을 맞추면 조기교육은 실패합니다. 아이가 그 시기에 꼭 배워야 할 것을 심도 있게 경험하는 것이 중요합니다. 이 시기에는 속도가 중요한 것이 아니라 깊이가 중요한 것입니다. 사실 어린아이가 앞질러 봐야 얼마나 앞질러 가겠습니까. IQ가 높다는 것도 사실상 동년배보다 한두 살 정도 더 머리가 좋다는 것이고 (성숙한 어른의 머리를 기준으로 볼 때 그게 무슨 의미가 있습니까) '우리 아이가 초등 700단어를 다 외웠다'고 자랑해 봐야 어차피 영어에 정통하려면 20,000단어는 통달해야 하는데 그 차이는 사실상 무의미한 것입니다. '자기 주도적 학습'이 시작되는 초등 고학년이 되면 불이 붙은 아이들은 하루에 100개의 단어도 외울 수 있습니다. 앞지르는 것은 근육이 붙고 나서 얼마든지 할 수 있습니다. 지금은 그저 '기본'에 충실할 때입니다. 영어 공부에 있어서 기본 중의 기본이 무엇입니까. 바로 '영어에 대한 호감을 깊게 하는 것'입니다.

호감을 깊게 하는 환경 조성 방법

'영어 환경 조성'이라고 하면 간단히 시각적인 것과 청각적인 것을 생각할 수 있습니다. 시각적으로는 부모님들의 고전적 방법인 알파벳 벽지 붙이기 등이 있을 수 있고, 청각적인 것으로는 영어 노래를 많이 들려주는 것 등이 있을 수 있죠. 시청각을 모두 자극하는 방법으로는 디즈니 영화 같은 것이 단연 최고인데, 그때 그때 최신 유행하는 작품을 보여 주는 것에 그치지 말고 디즈니 초기 작품부터 전집류로 구입해 보여 주거나 꾸준히 모아 보여 주는 것이 좋습니다. 시각적으로 그리고 또 음악적으로 워낙 대규모 투자와 과학적 연구가 들어간 작품들이라 아이들의 정서 발달에 아주 큰 영향을 미칩니다.

문쌤이 추천하는

〈영어 시청각 환경을 위한 책과 DVD〉

〈Leap Frog〉

미국 아마존 닷컴에서 8년 연속 유아교육 DVD 부문 베스트셀러 1위. 반복적이고 귀에 쏙쏙 들어오는 흥미로운 멜로디로 영어 스펠링과 파닉스, 소리 조합까지 자연스럽게 익힐 수 있다. 숫자, 계산, 패턴 구분 등 다양한 수학적 개념도 배울 수 있어 인기.

〈Dora the Explorer〉

기본적인 영어 학습에 바탕을 두고 단어와 기본 표현을 익히도록 구성한 것이 특징. 노래와 챈트, 질문을 통해 아이가 영어학습에 흥미를 갖도록 돕는다.

그외

『Baby Einstein』   『Kipper the dog』

단어 인지와 언어 이해를 재미있게 접할 수 있는 책.
시리즈로 나와 있으며 유튜브에 동영상이 많이 올라와 있다. 반복적인 표현들과 sensory & concrete words에 충실하다.

파닉스 학습 『Jolly phonics』

아래는 소리의 군을 나눠 놓은 방식. 아래의 순서대로 교육이 진행된다.

1. s, a, t, i, p, n
2. c k, e, h, r, m, d
3. g, o, u, l, f, b
4. ai, j, oa, ie, ee, or
5. z, w, ng, v, oo, oo
6. y, x, ch, sh, th, th
7. qu, ou, oi, ue, er, ar

이 책의 시리즈는 대형 서점에서 쉽게 구할 수 있다. 현재 나와 있는 가장 효과적인 phonics teaching method.

『Oxford Reading Tree series』

현재 영국에서 초등학교 교과서로 쓰고 있는 커리큘럼.
phonics부터 문법과 표현들까지 체계적으로 습득하게 되어 있는 과학적인 시스템의 책.

가장 효과적인 영어학습 방법

영어공부라는 것의 정체가 보통 알쏭달쏭한 것이 아닌 게 수학처럼 차분하게 생각하는 능력만 있으면 어지간히 점수가 나온다거나, 사회 과목처럼 열심히 외우기만 하면 되는 게 아니라 아무리 열심히 해도 말하기·듣기·읽기·쓰기가 다 온전히 늘기 아주 어렵다는 것입니다.

우리는 지금까지 이 책에서 '아이들의 영어공부는 뭐가 다른가'에 대해서 생각해 보았지만 사실상 '영어공부'라는 것의 정체에 관해선 아직 그 밑바닥을 들춰 보지 않은 것이 사실입니다. 좀 선후가 바뀐 감이 있지만 지금 이 장에서는 우리가 그토록 이해하기 힘들어하는 문제, 그러니까 노력한 만큼 말하고 쓰지 못하는지에 대해 그 원인을 밝히고 나와 내 아이의 영어학습에 가장 효과적인 방법을 살펴보려고 합니다. 차분히 읽어 보시면서 실천적 방안들을 공유하다 보면 이제까지의 방법, 혹은 영어에 대해 무엇을 헛짚었는지 확실히 깨닫게 되실 것입니다.

선행학습 6년 당겨도 망하는 이유
'말'은 혼자 하는 게 아니다

우선, 영어공부의 진실에 대해 비밀을 밝히기 전에 한 가지 제가 여러분과 확인해 둘 것이 있습니다. 사람마다 다들 '잘살고 싶다'고 말하고 있지만 사실 '잘사는 것'이 무엇인지에 관해 마음속의 생각들은 백인백색인 것과 마찬가지로 영어를 '잘하고 싶다'고 말하고 있지만 정작 '잘한다는 것'이 어떤 건지는 사람들마다 다 다릅니다. 그냥 한번 골라 보십시오. 여러분의 '영어 잘하기'는 아래의 어떤 것에 해당하십니까?

1. 그저 외국 여행 중 쇼핑할 수 있을 정도
2. 외국 친구를 사귈 정도
3. 수능에서 고득점을 받는 것
4. 영어로 업무를 보는 정도
5. 영어로 강연을 하는 수준

저에게 와서 '어떻게 하면 영어를 잘하는가' 하고 사람들이 불쑥 물어보지만 사실상 그 사람들의 마음속에 있는 목표치는 이렇게나 다를 수 있는 것이지요. 위의 목표가 그게 그것 같다고요? 제가 다시 한 번 설명드리겠습니다.

1. 그저 외국 여행 중 쇼핑할 수 있을 정도

이건 시중 영어회화 학원에서 한 달이면 됩니다. "How much is it?"이라고 물을 수 있고, 영어로 숫자를 세서 돈 계산을 할 수 있는 정도면 되니까요. 하긴 쇼핑과 관광이 목적이라면 막말로 '돈만 있으면' 됩니다. 돈 쓰겠다는 데 언어를 장벽으로 방치하는 나라는 없으니까요.

2. 외국 친구를 사귈 정도

이것 역시 그렇게 어렵지 않습니다. 시중 영어학원에서 3~4개월 배우면 이 수준에 이릅니다. 안 믿어지신다구요? 뭐 친구라는 게 별거 있습니까. 맥주나 한잔 하면서 "Do you like to go to the movies?" "Oh, I love Decaprio!" 뭐 이런 거만 할 줄 알면 되는 겁니다. 친해지자고 마음 먹은 사람들은 말이 좀 안 통해도 금방 친해지니까요. 대화의 내용이 항상 거기서 거기라는 점만 빼면 큰 문제 없습니다.

3. 수능에서 고득점을 받는 것

여기서부터는 그렇게 쉬운 문제가 아닙니다. 장구한 세월을 독해와 듣기에 투자해야 합니다. 입시라는 괴물의 크기를 우리 모두 알기에 설명을 생략하겠습니다.

4. 영어로 업무를 보는 정도

이것은 3번의 수준과는 또 다른 대단한 세계입니다. 쉽게 말해 보겠습니다. 3번의 목표는 충분히 달성할 수 있는 수준에다가 더해서 '영어로 따지는 것이 가능한 수준'이 요구된다는 말입니다. '업무'라는 것의 요체는 '설득'입니다. 상사를 설득하고 고객을 설득하고 이해관계를 중재하고 잘잘못을 따져야 합니다. 그러려면 "If you had told me earlier I wouldn't have done it that way. Since you hadn't told me I did it that way."(네가 진작 말을 해주었으면 나도 그렇게는 안 했을 것이다. 네가 말을 안 했으니까 그렇게 했단 말이다.) 뭐 이런 말이 입에서 술술 나와야 한다는 말입니다.

5. 영어로 강연을 하는 수준

4번의 실력을 모두 갖춘 상태에서 그것을 많은 사람들 앞에서 할 수 있을 정도가 되어야 하는 수준을 말합니다. 스티브 잡스나 오바마 대통령을 생각하시면 됩니다.

'영어를 잘한다'는 간단한 말이 이렇게 간단치 않다는 것을 깨달으셨나요? 그렇다면 자신의 마음속 '소망'의 수준을 정해 봅시다. 그러니까 정확히 말해서 '내 아이가 이렇게 되었으면' 하는 소망의 수준이 어디인가 하는 것 말입니다.

소망하는 수준이 3번 이하라면 이 장은 읽지 않으셔도 됩니다. 어디까지나 아이가 장성하였을 때 국제적으로 놀길 바라는 분에게 필요한 장이니까요. '말하기'까지 확실히 아이가 정복하길 원하신다면 이제부터 이야기를 시작하도록 하겠습니다.

단어는 오감으로 익혀야 한다

언어는 단어들로 이루어져 있으며 언어를 학습하려 하는 이상 어른이건 아이건 아니면 아기이건 간에 단어 공부는 그 누구도 피해 갈 수 없는 첫 번째 관문입니다. 해, 달, 별과 같은 기본 단어에서부터 '박탈감', '자괴감'같이 고도의 추상적인 단어에 이르기까지 단어 공부는 아무리 나이가 먹어도, 아무리 영어를 잘해도 결코 졸업할 수 없는 과제입니다.

하지만 그렇게 단어를 열심히 공부했건만 우리는 '외웠던 단어가 막상 써 먹으려면 생각이 나지 않는다'고 늘상 호소합니다. 왜 이럴까요? 우리의 아이들은 그런 현상에서 예외일까요? 아닐 것입니다. 우리 아이들 역시 그렇게 열심히 단어를 평생 공부해야 하고, 또 우리들처럼 그렇게 배운 것이 입에서 안 나오는 황당함과 절망감을 반드시 경험할 것입니다. 하지만 다음과 같은 방법으로 배우면 반드시 입으로 그 단어가 나오게 되어 있습니다. 지금부터 제가 설명하겠습니다.

오래전 교통사고를 당한 한 미국인을 문병하러 갔었습니다. 그녀는 다음과 같이 그때의 상황을 설명했습니다.

"I was on the back seat of my boyfriend's motor cycle. We

were turning around the corner and all of the sudden I felt I was in the air and I got this BIG BLURRY PICTURE." (남자 친구의 오토바이 뒷자리에 타고 코너를 돌아가는데 갑자기 몸이 공중에 붕 뜨면서 '눈앞이 완전 흐려지더라고'.)

다른 말들은 다 익숙한 표현들이었지만 'big blurry picture'(거대한 흐린 그림)라는 말은 처음 듣는 표현이었습니다. 사고를 당한 친구는 그냥 한번 스쳐 지나가듯 말했을 뿐인데 20년이 지난 지금도 저는 그 표현을 정확히 기억하고 있고, 그 이후로 이런 류의 충격적인 사건으로 인해 '눈앞이 완전히 흐려졌다'고 말할 때 늘상 이 표현을 쓰고 있습니다.

단 한 번 들었을 뿐인데 어떻게 그런 것이 가능할까요? 사람들은 수십 번 외운 것도 못 쓴다고 울상인데 문쌤은 천재인가요? 그럴 리가요. 이런 일이 가능한 것은 아래의 이유들 때문입니다.

1. 그 문장이 글자가 아니라 소리로 전달이 되었고

2. 그 문장이 쓰인 앞뒤 문맥을 정확히 이해하고 있었고

3. 그 문장을 쓰는 사람의 실제적 감정이 그 단어에 배어 있었고

4. 마지막으로 그 문장을 전달한 대상이 바로 앞에서 말을 듣고 있는 '나'였다는 사실입니다.

좀 더 이해를 돕기 위해서 뜬금없는 이야기로 잠깐 들어가 보겠습니다.

베트남전에서 미국이 월맹군(북베트남군) 한 사람을 죽이는 데 M16 총알을 몇 개나 사용했을까 하는 통계가 있었습니다. 그러니까

월맹군 총 사망 수를 미군이 쏜 탄알의 수로 나눈 통계입니다. 여러분은 얼마 정도일 거라고 생각하십니까? 너무 막연할 것 같아서 아래에 4개의 보기를 드리겠습니다. 베트남군 한 사람을 죽이는 데 들어간 총알의 갯수는?

1) 2발

2) 200발

3) 2,000발

4) 20,000발

정답은 4)번 20,000발입니다. 지금 여러분이 눈을 껌벅이고 있는 게 다 보입니다. 이해가 안 가시죠? 우리의 생각과 '실전'이 얼마나 다른가를 보여 주는 것이죠. 우리는 군복을 입고 총을 들고 있으면 다 전장에서 용맹하게 싸울 거라고 생각하고 또 총을 쏘면 영화에서처럼 척척 맞힐 거라고 생각합니다. 하지만 현장에 투입된 군인들은 간단히 말해 얼굴이 발그레한 우리 남동생, 혹은 어린 아들들입니다. 그들이 군대에서 받은 사격 훈련은 또 뭐냐 하시겠지만 단도직입적으로 말씀드리자면 그들은 움직이는 대상을 쏘아 본 적이 거의 없습니다. 그리고 더 결정적 사실은 그들은 '살아 있는 사람'을 쏘아서 죽여 본 적이 없습니다.

군인들이 전투 현장에 처음 배치되어 총격전을 벌이면 열이면 열다, 바위나 나무 뒤에 숨어 고개도 안 내밀고 총만 내밀고 그냥 방아쇠를 당긴다고 합니다. 거기다 적군도 사람인데 누가 사람을 죽이고 싶겠습니까. 정말로 자신의 목숨이 경각에 달리기 전까지는 그 총구를 대부분 하늘로 향하게 한다는 것입니다. 꿈에도 '사람은 죽이고 싶지 않다'는 것이지요. 당연합니다. 인간적입니다. 그러다 보니 하늘로 날아가는, 정글로 쏟아 붓는 '눈먼 총알' 2만 개에 그저 한 사람 정도 맞았다는 것이지요.

이런 이야기를 하는 이유는 '살아 있는 적을 상대한 경험'이 없는 군인은 사실상 아직 군인이 아니라는 것을 말하려는 것이고, 마찬가지로 '살아 있는 대상에게 써 보지 못한 영어 단어는 단어가 아니라는 것'을 말하려는 것입니다. 그럼 '한국어로 독서한 것은 다 말로 할 수 있지 않느냐?'고 반문할지 모릅니다. 그러나 잘 생각해 보면 모국어 역시 그렇지 않습니다. 무엇인가가 입에 올릴 만큼 '확정'되기 위해 우리의 뇌는 적어도 3개의 단계를 반드시 요구합니다.

- 1단계 : 듣고 익힌다 - 객관적 관찰 습득(모국어라면 읽는 것으로도 충분)
- 2단계 : 그것을 실제로 쓰는 상황을 목격한다 - 3자 확인
- 3단계 : 그것을 자신이 써 본다 - 1자-2자 확인(혹은 자신에게 다른 사람이 그 말을 쓰는 것을 듣는다)

예를 한번 들어 봅시다. 어린이가 '자괴감'이라는 어려운 단어를 어떻게 말로 하게 되는지에 대한 과정입니다.

- 1단계 : '자괴감'이라는 단어를 책을 읽다가 우연히 발견한다.

(아직은 이해도 제대로 하지 못한다.)

- 2단계 : '다이어트 실패로 자괴감을 느꼈다'고 엄마가 친구에게 말하는 것을 듣고 감을 잡는다. (3자 확인)
- 3단계 : 친구가 '공부 계획을 세웠는데 사흘이 못 가서 자괴감이 느껴진다'고 자신에게 말하는 것을 듣는다. (1-2자 확인)

이런 단계를 거친 이후에 어린이는 드디어 '자괴감'이라는 말이 '자신의 의지를 스스로 꺾는 어리석은 행위 이후의 복잡한 감정'이라는 것을 확실히 이해하고 쓰게 되는 것입니다. 우리가 지금 쉽게 쓰고 있는 모든 모국어의 어휘는 다들 이런 3단계의 과정을 반드시 거쳐서 확정된 것입니다. 새로운 표현이 1단계, 혹은 2단계에서 얼마나 오래 머물러 있는가 하는 것은 아무런 변수가 되지 못합니다. 반드시 3단계를 거쳐야 그것은 결과물로서, 말로서 나오는 단어가 되는 것입니다.

자, 그럼 이제 영어 단어 이야기로 돌아와 봅시다. 언어란, 그리고 그 언어가 습득되는 과정이란 다 똑같은 것으로 영어 역시 위의 '자괴감'이 습득되는 과정과 하나도 다르지 않습니다. 아이가 영어 단어를 익혀서 그것을 말하기까지의 과정은 그 단어가 감각적·구체적 sensory & concrete 단어이든 추상적abstract 단어이든 상관이 없습니다. 언어라는 것은, 단어라는 것은 어디까지나 '사회적인' 현상이기 때문에 책에서 본 것이 아니라 그것이 사람들 사이에서 어떻게 사용되는지 반드시 목격하고 또 그것에 직접적으로 노출되는 과정이 반드시 있어야 합니다.

그래서 영어 단어도 반드시 다음과 같은 과정을 거쳐야 합니다. 예를 들어 아이가 'stir'(휘젓다)이라는 동사를 배운다고 합시다. 아이가 반드시 아래와 같은 상황을 통과하게 해야 그것이 그 아이에게 '말할 수 있는 단어'로 확정되게 됩니다.

- 1단계 : stir라는 단어를 듣는다. 혹은 그림책에서 보고 그 발음을 듣는다.
- 2단계 : 누군가 주위의 사람이 해당 동작에 대해 stir라고 말하는 것을 목격한다. (어렵게 생각하지 말고 이건 보여 주기만 하면 됨.)
- 3단계 : stir이라는 말을 쓰도록 상황을 통해 요구받는다. 혹은 직접 듣고 그 어떤 행동을 취하도록 요구받는다. (전자의 경우 아이에게 물에 주스를 타 주고 손짓을 하면서 stir하라고 요구한다. 후자의 경우 물에 주스를 타고 stir해 줄지 아니면 그냥 줄지를 물어본다.)

자, 이제 이해가 됐을 겁니다. 왜 우리 어른들이 그 오랜 세월을 단어 공부에 코를 박고 있으면서도 그것을 말로 하지 못했는지를, 법전을 공부하는 것과 법정에서 변호를 하는 것, 축구에 대해 읽어 보는 것과 경기를 뛰는 것, 요리책으로 눈요기를 하는 것과 프라이팬을 들고 불과 씨름하는 것은 너무나 다릅니다. 단어 하나를 공부할 때부터 우리의 영어 운명은 이미 결정되어 있었던 것입니다. 제가 지겹도록 누누이 강조하는 '선행학습이 중요한 것이 아니라 학습의 깊이가 중요하다'는 말은 바로 이런 점에 기인한 것입니다.

아이가 1단계에서 3,000단어를 한들, 그래서 그것으로 시험을 잘 본들, 그것은 앞의 '목표 수준' 중 3번까지는 효과가 있을지 몰라도 정작 아이가 활동을 하게 될 국제 무대에서 아이를 '시험만 잘 보는 국제 벙어리'로 만들 확률은 99%입니다. 진정한 영어 단어 실력은 '3단계까지 간 단어가 몇 개나 될까'인 것입니다.

아래의 단어에 1~3단계 실천법이 있습니다. 그것을 보고 엄마들 스스로 다른 단어들을 어떻게 아이들에게 가르칠 수 있을지 한번 생각해 보세요. 이런 방법은 처음엔 너무 막연해서 생각해 내기 힘들지만 몇 번 해 보면 요령이 생기고 아이디어도 바로바로 떠오르게 됩니다. 도전이 중요합니다.

'splash'

- 1단계 : 'splash'라는 단어를 듣는다.

  (『We're going on a bear hunt』를 참조.)

- 2단계 : 목격 – 아이가 목욕할 때 직접 물을 튀기면서 설명하는 것이 좋습니다. 따뜻한 욕조 안에서 물을 튀기며 노는 것은 감정적으로는 재미있는 좋은 기억이지만, 예를 들어 찬물을 뿌리면서 'splash'를 외치면 이 단어가 약간의 불쾌한 감정으로 다가오게 됩니다. 이렇게 같은 단어로 최대한 많은 감각의 고리들을 건드리는 것이 가장 효과적으로 단어를 기억하는 방법입니다.

- 3단계 : 'splash'라는 단어를 쓰도록 상황을 만들어 줍니다. 예

를 들면 다음번 목욕 때 욕조에서 직접 물을 뿌리게 해 줍니다.

단어를 배우는 것이 놀이의 일부분, 즉 게임이 되는 것이 중요한데, 그냥 단순한 단어에 대한 설명만으로는 뇌의 여러 부분을 자극할 수 없기 때문에 이를 가장 극대화하기 위해서는 소리와 그 단어에 대한 이미지, 그것에 의해 파생되는 감정, 그리고 나와의 연관성을 다 건드리도록 유도하는 것이 좋습니다.

'tickle'

- 1단계 : 'tickle'이라는 단어를 듣도록 합니다.
- 2단계 : 직접 간지럼을 태우면서 "tickle! tickle!"이란 말을 씁니다. (〈Round & round the garden〉이 직접 보여 주기에 좋은 예입니다. http://youtu.be/UCzrIo1Fxf4)
- 3단계 : 이 놀이가 익숙해졌을 때 아이가 직접 간지럼을 태우도록 합니다.

문장 학습의 포인트는 꺾기 훈련

어떻게 공부하면 배운 단어들이 바로바로 말로 변하는지에 대한 미스터리를 좀 풀어 보았습니다. 이번에는 문장에 관한 이야기입니다. 단어 공부에 있어서의 포인트가 감정이 제대로 이입된 '대면'이라면 문장 학습에 있어서의 포인트는 '꺾기 훈련'이라고 말씀드리고 싶습니다. '꺾기'라는 말이 다소 생소하시겠으나 일단 이번 장을 꼼

꼼히 읽고 나면 충분히 이해가 가실 것으로 생각됩니다.

　우리는 '문장을 많이 외워야 영어를 잘할 수 있다'는 말을 많이 듣고 또 합니다. 사실입니다. 하지만 문제는 이게 다가 아니라는 것입니다. 문장을 많이 외우는 것이 물론 아무것도 안 외우는 것보다는 낫습니다. 하지만 단순히 문장을 많이 외운다고 영어라는 우주만 한 문제가 해결될 것이라고 믿는 것은 매우 우매한 일입니다. 가장 큰 이유는 우선 '양'에 관한 문제입니다. 우리는 흔히 '50문장을 외우면 된다'든가, '1,001문장'을 외우면 된다는 이야기를 합니다. 하지만 한 개의 언어를 자유로이 구사한다는 것은 그런 정도의 게임이 아닙니다. 자, 다음의 이야기를 찬찬히 듣고 생각해 봅시다.

　'만 5세의 어린이가 얼마나 많은 자국어 어휘를 알고 있는가'에 대한 연구가 있었습니다. 여러분의 생각은 어떻습니까. 만 5세의 한국 아동이 알고 있는 한국어 어휘는? 놀라지 마십시오. 자그마치 4,000개입니다. 이것은 국제적인 연구라서 영어권도 그리고 중국어권도 조사해 보니 모두 다 그러합니다. 말도 별로 잘 못하는 철부지들이 벌써 4,000개의 어휘에 능하다는, 평균이 그러하다는 연구 결과는 우리를 놀라게 합니다.

　여기서 제가 여러분께 질문을 하나 드리겠습니다. 그럼 이 아이들이 이 4,000개의 어휘로 몇 개나 되는 문장을 만들어 쓰고 있을까요? 역시나 놀랍게도 '무한'입니다. 4,000개의 요소로 조합되는 문장은 실로 하늘의 별만큼이나 많은 숫자입니다. 아주 단순한 삶을 살고 있다고 생각되는 5세의 아이에게 도대체 그렇게 많은 문장이 필요한 이유가 무엇일까요? '사람의 삶'이란 것이 그렇게 단순한 것이 아니라는 거죠. 아래의 문장을 한번 보실까요?

"엄마, 똥 마려." - 변의가 있다는 의미
"엄마, 똥 마려?" - 엄마에게 묻는 질문
"엄마, 똥 눌래." - 의지 표명
"엄마, 똥 눠." - 현재 하고 있다는 의미
"엄마, 똥 눠?" - 질문
"엄마, 똥 눴어."
"엄마, 똥 눴어?"

'엄마'와 '똥'을 가지고 아이가 만들어 낼 수 있는 문장의 개수만도 수십 가지에 이릅니다. 이 4,000단어 모두가 이런 식으로 상황에 따라 시시각각으로 응용된다고 생각해 보십시오. 그 문장의 수가 얼마나 될지….

50개니, 1,000개니 하는 것이 문제가 되지 않습니다. 유치원 아이의 삶조차도 수천 개의 문장으로 커버가 되지 않을 만큼 복잡하고 다양하고 거대합니다.

4,000개의 어휘로 무한의 문장을 만들어 내려면 문제는 '문장의 활용'입니다. 바로 '꺾기 훈련'인 것입니다. 우리가 얼마나 '꺾기'에 능하지 않은지는 다음의 테스트로 바로 드러납니다.

아래의 한국어를 영어로 옮겨 보세요. 각 문장에 할당된 제한 시간은 각 2초이며 기준은 말로 하는 것입니다.

1. 나는 행복하다.

2. 너는 행복하다.

3. 그는 행복하지 않다.

4. 그들은 행복하냐?

5. 우리는 행복하지 않냐?

6. 나는 행복하지 않냐?

해답은 아래와 같습니다.

1. 나는 행복하다. - I am happy.

2. 너는 행복하다. - You are happy.

3. 그는 행복하지 않다. - He is not happy.

4. 그들은 행복하냐? - Are they happy?

5. 우리는 행복하지 않냐? - Aren't we happy?

6. 나는 행복하냐? - Aren't I happy?

여러분은 어느 지점에서 구두 번역이 멈추었나요? 5번까지만 갔어도 대단한 것입니다. 우리가 '문장을 외운다'고 할 때의 문장은 보통 'I am happy' 같은 긍정의 평서문을 기준으로 합니다. 그런데 회화로 커버해야 하는 우리의 삶은 그렇게 단순치가 않습니다.

아이가 열심히 'I am so happy'라는 문장을 외웠다고 칩시다. 글로 뿐만 아니라 말로도 열심히 외웠습니다. 그런 후 영어 유치원에 갔다고 합시다. 그런데 미국 선생님이 오늘은 시무룩해 보입니다. 그 앞으로 갑니다. 그리고 말을 하려고 하니 말이 나오지 않습니다. 'I am happy'라는 고정된 문장 하나밖에 모르기 때문입니다. '기분 나빠요?'로 물어야 하는데 그게 나오질 않습니다. 무엇이 문제인가요? 그럼 그 모든 문장을 다 외워야 하나요? 그건 수만 개, 아니 수천만 개의 문장일 텐데…. 그래서 우리에게는 '꺾기 Automatization'가 필요한 것입니다.

우리의 삶이 한 개의 문장을 얼마만큼 꺾을 것을 요구하는지 원론적으로 한번 탐구해 보겠습니다. 아래의 문장을 보십시오.

I do it. (나는 그것을 한다.)

아이들도 금방 따라할 수 있는 쉬운 문장으로 단어도 세 개밖에 되지 않습니다. 하지만 우리의 현실에서 이 문장을 꺾어서 구사할 줄 알아야 하는 문장의 수는 아래와 같습니다.

일단, 긍정과 부정을 전환할 수 있어야 합니다.
I do it.
➡ I don't do it.

그다음은 평서문과 의문문을 전환할 수 있어야 합니다.

I do it.

➡ Do I do it?

위의 둘을 교차로 전환시키면 다음과 같이 됩니다.

	긍정문	부정문
평서문	I do it. (나는 그것을 한다)	I don't do it (나는 그것을 하지 않는다)
의문문	Do I do it? (내가 그것을 하나?)	Don't I do it? (내가 그것을 안 하나?)

그런데 우리가 '나'라는 일인칭만 대화에 사용하는 것이 아니므로 여기에 7개의 인칭이라는 경우의 수가 더해집니다.

I do it.

You do it.

He does it.

…

마지막으로 한 가지 사실도 여러 가지 '시제'로 말할 수밖에 없습니다. 영어의 시제는 12개입니다.

I do it. (현재)

I am doing it. (현재진행)

I will do it. (미래)

I will be doing it. (미래진행)

I did it. (과거)

I was doing it. (과거진행)

I have done it. (현재완료)

I have been doing it. (현재완료진행)

I will have done it. (미래완료)

I will have been doing it. (미래완료진행)

I had done it. (과거완료)

I had been doing it. (과거완료진행)

여기서 이런 4단계의 경우의 수를 모두 곱하면 'I do it'이라는 한 문장은 현실 속에서 자그마치 366개의 '꺾기' 문장을 가지게 됩니다.

긍정/부정(2) × 평서/의문(2) × 인칭(7) × 시제(12) = 336

336개! 그렇습니다. 우리가 문장을 열심히 외우는데도 불구하고 외국인 앞에서 꿀 먹은 벙어리가 된다면 그것은 우리에게 이런 문장의 '꺾기' 반복 훈련이 전무하기 때문입니다. 이것은 아이들이나 어른들 모두 마찬가지입니다. 이것이 바로 '노래로 공부하는 영어'나 '동화 외우기'의 함정입니다.

당연히 '도움'은 됩니다. 다만 그걸 외우기만 하는 것으로 그친다면 그저 '도움'에서 멈춘다는 것이 문제입니다. 이 장에서 설명한 것과 같이 '꺾기'가 없는 문장 암기는 실제 현장에서는 무용지물이 되기 십상입니다.

태권도 도장에 가면 '품새'라는 것을 가르칩니다. 일정한 동작을 정해 두고 그것을 외워서 한 세트를 완수하게 하는 것인데 이것은 배워야 할 동작들의 모델로서는 훌륭히 기능하지만 이것만 익히고 '겨루기(실전)'를 생략한다면 수련생이 뒷골목에서 불량배를 만났을 때 그 상황을 무사히 벗어나긴 쉽지 않겠지요. 실제 상황에서 상대방의 주먹이 어느 각도에서 날아올지는 부단히 모든 각도에 대비한 '꺾기' 훈련을 해 주는 것밖에는 없을 것입니다. 마찬가지로 노래를 하나 제대로 외운다고 해서 그것이 바로 이 아이의 '영어 능력'을 의미하지는 않는다는 것을 명심하시기 바랍니다.

영어 노래만으로 영어공부를 시키기에는 다음과 같은 구체적인 약점들이 존재합니다. 아래의 가사를 보십시오.

Are you sleeping

Are you sleeping

Brother John, Brother John

Morning bells are ringing

Morning bells are ringing

Ding Ding Dong

Ding Ding Dong

첫째로, 아이가 실제로 말하게 될 문장이 "아빠 자고 있어?"라면 "Is he sleeping?"이 될 것입니다. "너 어제 자고 있었어?"라면 "Were you sleeping?"이 될 것입니다. 모델을 외워야 그렇게 응용도 될 것 아니냐고 하실 겁니다. 맞습니다. 하지만 문제는 노래만 외우고 응용 훈련은 어디에서도 하지 않는다는 것입니다. 아이가 문법을 제대로 이해하고 나면 스스로 응용을 할 것이 아니냐고 또 반문하실지도 모르겠습니다. 아무리 지도를 이해하고 있어도, 안 가 본 길을 바로 찾는 사람은 없습니다. 실제 말로 '꺾기 훈련'을 하지 않으면 머리 속에 있는 문법은 바로바로 나오지 않습니다. 절대로.

둘째로, 'Brother John'이라는 가사입니다. 간단히 말해 우리 아이에게는 John이라는 brother가 존재하지 않습니다. 아니, 우리 아이에게는 sister만 있을 수도 있고, 아예 형제자매가 없을 수도 있습니다. 그러니까 가사는 가사이고 그것이 응용이 되려면 뭐 하나라도 아이의 실생활과 관계가 있어야 한다는 것이지요. 잘 생각해 보면 우리가 어릴 때 배운 수많은 동요들이 그렇습니다. '나비야 나비야 이리 날아 오너라~.' 이런 것 못 외우는 사람은 없지만 실제로 우리가 이런 말을 그대로 사용하는 경우가 평생 몇 번이나 있었습니까.

아래도 아주 유명한 영어 동요로 교재마다 안 나오는 데가 없습니다.

The itsy-bitsy spider
Climbed up the water spout(조그만 거미가 홈통을 타고 올라갑니다.)
Down came the rain
And washed the spider out(그때 마침 비가 와서 거미를 씻어 내렸어요)
Out came the sun
And dried up all the rain(그러곤 해가 떠서 물기가 가셨죠)
And the itsy-bitsy spider
Climbed up the spout again(개미가 다시 홈통을 타고 올라갔어요)

'조그만 거미가 홈통을 타고 올라갔다'는 가사 내용 어디에도 아이의 일상과 직접 관련이 있는 것은 없습니다. 홈통을 타고 올라가는 거미를 아이들이 평생 얼마나 목격할 것이며 그때 마침 비가 오는 일은 얼마나 있을까요? 이런 걸 외우는 것은 안 외우는 것보단 백 배 낫습니다. 하지만 그것으로 끝난다면 '이 노래를 부를 줄 안다'는 것 이외의 의미는, 그러니까 영어를 잘한다는 의미는 어디에도 없습니다. 그러면 어떻게 하느냐? 가사를 외웠다면 '꺾기'에 들어가야 합니다. (이것은 반드시 선생님이나 부모님이 해 주셔야 합니다. 어린아이 혼자 이런 것을 할 수는 없습니다.)

The itsy-bitsy spider climbed up	the water spout.
The strong man	the cliff.(힘센 남자가 절벽을 올라갔다.)
Mom	the ladder.(엄마가 사다리를 타고 올라갔다.)
Dad	the mountain.(아빠가 산을 타고 올라갔다.)

위의 예에서와 같이 주어를 바꾼다든지 목적어를 바꾼다든지, 아니면,

The itsy-bitsy spider climbed up the water spout.

The itsy-bitsy spider didn't climb up the water spout.(안 올라갔어요.)

The itsy-bitsy spider will climb up the water spout.(올라 갈 거예요.)

The itsy-bitsy spider won't climb up the water spout.(안 올라갈 거예요.)

이렇게 시제 변환 '꺾기'를 한다든지 해야 비로소 '활용 가능한' 문장이 내 것이 되는 것입니다. 동요가 되었건 DVD 동영상이 되었건 그냥 보고 있는 것, 그냥 듣고 있는 것, 더 나아가 그것을 그대

로 외운다고 해도, 외워 알고 있는 것만으로는 아무것도 아니라는 것을 꼭 명심해야 합니다.

동화의 경우도 마찬가지입니다. 책만 열면 Dragon(용), Fairy(요정), Princess(공주)가 등장하는데 도대체 아이는 일상의 어디에서 그런 것들을 만납니까. 용이 치킨 배달 오고 요정이 아파트 경비 보고 공주가 유치원 버스를 운전하는 게 아니라는 말입니다. 그래서 동화 역시 선생님이나 부모가 개입해 '꺾기'를 의식적으로 훈련시켜야(물론 강요는 안 됩니다) 비로소 '언어적으로' 도움이 된다고 볼 수 있습니다.

거기다 동화의 경우는 또 하나의 아주 심각한 함정이 기다리고 있습니다. 한때 '스포츠카의 비애'라는 말이 유행한 적이 있었습니다. '스포츠카가 필요한 젊은 시절에는 돈이 없고 그것을 살 수 있는 중년이 되면 스포츠카가 필요 없어진다'는 말이지요. 마찬가지로 영어 동화의 경우는 이런 꿈 같은 동화적 소재가 적절한 나이에는 동화책에 나오는 어렵고 비현실적인 표현을 이해할 수 없고, 또 동화책을 이해할 나이가 되면 아이는 더 이상 동화를 재미있어하지 않는 다 큰 아이가 되어 버린다는 것입니다. 그래서 동화를 골라 주면서 실패하고 싶지 않다면 (보통 동화책은 책값이 엄청 비쌉니다) 반드시, 반드시, 반드시 그림은 많은데 내용은 엄청 적은 그런 것을 골라 주셔야 합니다.

영어 동화

『The Gruffalo』

풍부한 반복적인 표현들과 sensory & concrete words에 충실하면서 동시에 문학, 미술적인 측면까지 건드리는 베스트셀러.

『The Very Hungry Caterpillar』

나비의 한살이를 이 한 권의 동화책을 통해 아이들이 쉽게 이해할 수 있다. Caterpillar, Cocoon, Nibble 등 어려운 용어들도 자연스럽게 경험하게 되며, 애벌레가 먹을 수 있는 것과 먹을 수 없는 것에 대해서도 알게 된다.
다채로운 색감과 요일, 숫자에 대한 감각도 동시에 기를 수 있다. 이 책 역시 지난 45여 년간 영미계 학부모들에게 베스트셀러로 사랑을 받아 온 책이다.

『We're Going on a Bear Hunt』

이 책은 간단하지만 자주 쓰이는 표현들이 반복적으로 나오며, 책의 분위기에 잘 맞는 의성어가 매 장마다 등장해 새로운 소리와 그 장면들에 맞는 감정적인 부분까지 배울 수 있다. 영미계 학부모들에게 몇십 년간 꾸준히 사랑을 받아 온 책이다.

『Beep Beep』

다양한 컷으로 되어 있어서 아이들이 책을 펴는 순간 흥미를 갖게 된다. 이 책은 자동차에 관한 많은 의성어를 접할 수 있게 짜여져 있다.

『Say Hello Like This!』

다양한 동물들이 인사하는 방식을 의성어로 풀어낸 책.

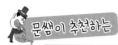

연령에 맞는 영서들

모든 연령층을 위한 영서들

- 「The Giving Tree」 by Shel Silverstein
- 「Where the Sidewalk Ends: the Poems and Drawing of Shel Silverstein」 by Shel Silverstein
- 「Little Women」 by Louisa May Alcott
- 「The Wizard of Oz」 by L. Frank Baum
- 「Heidi」 by Johanna Spyri

미취학 아동들을 위한 영서들

- 「The Very Hungry Caterpillar」 by Eric Carle
- 「Goodnight Moon」 by Margaret Wise Brown
- 「Brown Bear, Brown Bear, What do you see?」 by Bill Martin, Jr.
- 「The Rainbow Fish」 by Marcus Pfister
- 「Corduroy」 by Don Freeman
- 「The Snowy Day」 by Ezra Jack Keats
- 「The Runaway Bunny」 by Margaret Wise Guess
- 「How Much I Love You」 by Sam McBratney

만 4-7세 어린이들/ 초등학교 저학년을 위한 영서들

- 「The Polar Express」 by Chris Van Allsburg
- 「Green Eggs and Ham」 by Dr. Seuss
- 「The Cat in the Hat」 by Dr. Seuss
- 「Where the Wild Things Are」 by Maurice Sendak
- 「Love You Forever」 by Robert N. Munsch
- 「Alexander and the Terrible, Horrible, No Good, Very Bad Day」 by Judith Viorst

- 「The Mitten」 by Jan Brett
- 「Stellaluna」 by Janell Cannon
- 「Oh, The Places You'll Go」 by Dr. Seuss
- 「Strega Nona」 by Tomie De Paola
- 「The Velveteen Rabbit」 by Margery Williams
- 「How the Grinch Stole Christmas」 by Dr. Seuss
- 「The True Story of the Three Little Pigs」 by Jon Scieszka
- 「Chicka Chicka Boom Boom」 by John Archambault
- 「The Complete Tales of Winnie the Pooh」 by A. A. Milne
- 「If You Give a Mouse a Cookie」 by Laura Joffe Numeroff
- 「The Lorax」 by Dr. Seuss
- 「Amazing Grace」 by Mary Hoffman
- 「Jumanji」 by Chris Van Allsburg
- 「Math Curse」 by Jon Scieszka
- 「Are You My Mother?」 by Philip D. Eastman
- 「The Napping House」 by Audrey Wood
- 「Sylvester and the Magic Pebble」 by William Steig
- 「The Tale of Peter Rabbit」 by Beatrix Potter
- 「Horton Hatches the Egg」 by Dr. Seuss
- 「Basil of Baker Street」 by Eve Titus
- 「The Little Engine That Could」 by Watty Piper
- 「Curious George」 by Hans Augusto Rey
- 「Wilfrid Gordon McDonald Partridge」 by Mem Fox
- 「Arthur series」 by Marc Tolon Brown
- 「Lilly's Purple Plastic Purse」 by Kevin Henkes
- 「The Little House」 by Virginia Lee Burton
- 「Amelia Bedelia」 by Peggy Parish
- 「The Art Lesson」 by Tomie De Paola

- 「Caps for Sale」 by Esphyr Slobodkina
- 「Clifford the Big Red Dog」 by Norman Bridwell
- 「The Paper Bag Princess」 by Robert N. Munsch

초등학교 중·고학년을 위한 영서들

- 「Charlotte's Web」 by E. B. White
- 「Hatchet」 by Gary Paulsen
- 「The Lion, the Witch, and the Wardrobe」 by C. S. Lewis
- 「Bridge to Terabithia」 by Katherine Paterson
- 「Charlie and the Chocolate Factory」 by Roald Dahl
- 「A Wrinkle in Time」 by Madeleine L'Engle
- 「Shiloh」 by Phyllis Reynolds Naylor
- 「Little House on the Prairie」 by Laura Ingalls Wilder
- 「The Secret Garden」 by Frances Hodgson Burnett
- 「The Boxcar Children」 by Gertrude Chandler Warner
- 「Sarah, Plain and Tall」 by Patricia MacLachlan
- 「The Indian in the Cupboard」 by Lynne Reid Banks
- 「Island of the Blue Dolphins」 by Scott O'Dell
- 「Maniac Magee」 by Jerry Spinelli
- 「The BFG」 by Roald Dahl
- 「The Giver」 by Lois Lowry
- 「James and the Giant Peach: A Children's Story」 by Roald Dahl
- 「Little House in the Big Woods」 by Laura Ingalls Wilder
- 「Roll of Thunder, Hear My Cry」 by Mildred D. Taylor
- 「Stone Fox」 by John Reynolds Gardiner
- 「Number the Stars」 by Lois Lowry
- 「Mrs. Frisby and the Rats of NIMH」 by Robert C. O'Brien
- 「The Best Christmas Pageant Ever」 by Barbara Robinson

- 「Matilda」 by Roald Dahl
- 「Tales of a Fourth Grade Nothing」 by Judy Blume
- 「Ramona Quimby, Age 8」 by Beverly Cleary
- 「The Trumpet of the Swan」 by E. B. White
- 「The Chronicles of Narnia」 by C. S. Lewis
- 「The Phantom Tollbooth」 by Norton Juster
- 「Tuck Everlasting」 by Natalie Babbitt
- 「Anne of Green Gables」 by Lucy Maud Montgomery
- 「The Great Gilly Hopkins」 by Katherine Paterson
- 「Little House books」 by Laura Ingalls Wilder
- 「Sideways Stories from Wayside School」 by Louis Sachar
- 「Harriet the Spy」 by Louise Fitzhugh
- 「A Light in the Attic」 by Shel Silverstein
- 「Mr. Popper's Penguins」 by Richard Atwater
- 「My Father's Dragon」 by Ruth Stiles Gannett
- 「Stuart Little」 by E. B. White
- 「Walk Two Moons」 by Sharon Creech
- 「The Witch of Blackbird Pond」 by Elizabeth George Speare
- 「The Watsons Go to Birmingham−1963」 by Christopher Paul Curtis

어른·청소년을 위한 책
- 「Where the Red Fern Grows」 by Wilson Rawls
- The Hobbit」 by J. R. R. Tolkien
- 「Summer of the Monkeys」 by Wilson Rawls
- 「The Cay」 by Theodore Taylor
- 「The Sign of the Beaver」 by Elizabeth George Speare

말하기 · 듣기 · 읽기 · 쓰기를 균형 있게

마음이 조급한 부모일수록 '가시적 효과'에 집착하는 경향이 있습니다. 눈에 보이는 효과에만 집착한다는 것은 간단히 말해 '읽기'와 '쓰기(여기선 '단어와 간단한 문장 쓰기'에 관한 것이 됩니다)만 중시한다는 겁니다. 하지만 아이가 자랐을 때 그 아이의 영어 실력을 변별력 있게 보여 주는 것은 단연 '말하기'와 '에세이'(논리적 작문)입니다. 그런데 그런 것은 이렇게 어린 시절에 어떻게 기초가 마련되고 있는지 눈에 잘 보이지 않는다는 점이 어렵습니다.

어학 실력은 '말하기 · 듣기 · 읽기 · 쓰기'가 조화롭게 네 기둥으로 버텨야 계속해서 성장해 올라갈 수 있습니다. 그러면 이 네 개의 기둥은 서로 '주부主副'(더 중요하고 덜 중요한) 관계가 없는 것일까요? 있습니다. 이 넷 중 하나가 바로 메인 기둥이 되고 다른 것들은 보조 기둥이 되는 것이고 또 그렇게 되어야 바람직합니다. 지금 이 문제는 사실상 굉장히 중요한 문제인데 앞으로 아이의 영어공부를 10년 이상 인도하고 또 지원해야 하는 엄마의 입장에서 이 네 개의 기둥 중 어느 것을 근간으로 삼아 나머지 셋을 균형 있게 성장시킬까 하는 것은 종국에는 아이의 영어를 성공시키냐 마느냐 하는 것을 결정 짓는 문제이기 때문입니다.

한국의 기준으로 '영어를 쓸 만하게 잘하는 사람', 그러니까 영어 인재는 현실적으로 다음과 같이 나뉩니다. (이거 대단히 죄송한 분류법 이지만 그냥 현실 반영이라고 이해해 주세요. 저도 이런 현실이 싫고 빨리 개

선되었으면 좋겠습니다.)

1. 흔한 인재 : 원서를 읽고 해석할 수 있다.
2. 비교적 드문 인재 : 원서를 읽고 해석할 수 있을 뿐 아니라 영어로 강의를 듣고 수업을 따라갈 수 있다.
3. 아주 드문 인재 : 원서 해독, 강의 이해뿐만 아니라 리포트도 영어로 척척 쓴다.
4. 아주 아주 드문 인재 : 원서 해독, 강의 이해, 영어 문서 작성뿐 아니라 영어 토론도 척척 한다.
5. 아주 아주 아주 보기 드문 인재 : 위의 것이 다 가능하고 거기다 영어로 하는 강연이나 프레젠테이션에도 능통하다.

자, 어떻습니까. 아이의 영어를 지도하는 데 무엇이 가장 기둥이 되어야 하는지 척 봐도 나오지 않습니까. 학습의 자연스런 순서가 그렇고, 사람의 언어학습 의욕을 가장 자극하는 쪽으로 봐도 그렇고, 또 장래의 경쟁력 제고를 위해서도 단연 어린이 영어학습의 우선순위는 '말하기'입니다.

그럼 말하기·듣기·읽기·쓰기는 서로 어떤 관계를 맺고 있을까요? 이것들은 마치 샴쌍둥이처럼 심장과 척추를 공유해, 하나가 발달하면 다른 하나도 쑥쑥 자라는 관계일까요? 아니면 아예 유럽과 아프리카 같아서 누가 발전하든지 누가 망하든지 아예 관계가 없는 걸까요. 요건 아주 애매하고 어려운 문제라서 좀 집중해 읽어 주셔야 합니다. 이들 네 개 영역의 관계는 마치 '느슨한 연방' 같은 관계입니다. 그게 어떤 관계인지 잠깐 예를 들어 설명해 보도록 하죠.

우리가 흔히 '영국'이라고 알고 있는 나라는 사실상 잉글랜드, 스코틀랜드, 웨일스라는 다른 세 개의 민족이 이룬 연방국가입니다. 이중 스코틀랜드는 수백 년 전부터 영국에게서 독립하려고 안간힘을 쓰고 있는 아주 독립심이 강한 민족입니다. 최근까지도 독립을 위한 국민투표를 할 정도로 독립에의 열의가 대단합니다. 하지만 영국을 아는 사람들은 말합니다. '그건 불가능'하다고요. 왜냐하면 영국과 완전히 단절하고는 스코틀랜드 경제가 살아남을 수 없기 때문이랍니다.

이렇게 낯선 나라 이야기를 하는 것은 바로 말하기·듣기·읽기·쓰기의 관계가 그렇기 때문입니다. 이들은 따로 따로 별개로 발전할 수 있습니다. 하지만 한쪽의 발전이 과도하고 다른 쪽이 그것을 따라가지 못할 지경에 이르면 (이런 불균형은 정말 흔하게 발생하고, 또 아주 자주 목격됩니다) 점점 균형이 무너지면서 나라 전체(영어 전체)가 흔들리게 됩니다. 이런 불균형의 조합의 예를 들어 보겠습니다.

1. 읽기만 형 : 한국에 많은 형태입니다. 말하기·듣기·쓰기는 아예 불가능하고 해석만 가능합니다.
2. 읽기·쓰기 형 : 글에만 능한 형태입니다. 소리에 관해서는 젬병입니다.
3. 읽기·듣기 형 : '정보 입수', 그러니까 input에만 능하고 영어로 콘텐츠를 생산하는 것은 불가능한 형입니다.

4. 말하기·듣기 형 : '말'로 하는 것만 능한 형으로 드물지만 주로 외국인 상대로 장사를 하는 지역에서 나타납니다.

한국인 대부분이 위의 예 중 하나에 해당합니다. (물론 네 가지 영역 다 못하는 사람이 제일 많겠지요.) 그런데 저렇게 불균형한 형태를 띠는 것은 그 어떤 학습법상의 오해로부터 기인한다는 것을 아는 사람은 그다지 많지 않습니다. 그것은 이전에 한국인들이 가지고 있었던 틀에 박힌 영어학습의 패턴에서 온 것인데, 대부분의 한국 사람들은 영어공부에 다음과 같은 순서를 따르는 것이 상식이라고 생각한다는 겁니다.

1. 우선 단어를 외워야 한다.
2. 그다음 문법을 배워야 한다.
3. 일단 쓸 수 있어야 한다.
4. 마지막으로 말(회화)을 배우면 된다.

사실 지금의 거의 모든 수험생들도 이런 과정을 거쳐 왔습니다. 하지만 12년이 넘는 시간 동안 이렇게 읽기·쓰기·듣기·말하기의 순서로 나누어 진행을 하는 것은 아이들의 영어를 불구로 만들어 버리는 가장 치명적 원인이 됩니다.

좀 더 알기 쉽게 설명을 하자면 이 네 분야의 관계가 '초등학교 절친 4명'의 관계 같다는 것입니다. 초등학교 친구가 얼마나 순수하고 하나가 되기 쉽습니까. 하지만 아직 이들은 모두 미숙해서 누가 전학만 가도 바로 관계가 멀어지고, 그중 하나의 집안이 어려워지거나 하면 쉽게 멀어지고, 또 하나가 나쁜 친구들과 6개월만 어울려도 정말 낯선 아이가 되어 가는 것 같은… 그러니까 이들은 항상 꼭 붙어서 균형 있게 성장하지 않으면 조금이라도 소외되는 아이는 영영 멀어지는 것처럼 말입니다.

최근에 중국어 공부를 시작해 날마다 열심히 하고 있는 저도 이것을 사흘 단위로 느낍니다. 재미가 있다고 중국어 대담 프로 '듣기'에 사흘만 빠져 있으면 쓰기와 읽기가 멀어지고, 열심히 한자 연습만

사흘 하면 말하기 실력이 줄어드는 것을 느낍니다. 뭐, 각 분야마다 하는 만큼 느는 거 아니냐고 말하고 싶으시겠지만 신기한 것은 이네 개의 바퀴가 하루에 한 번 다 돌아가면 그때는 서로를 자극하여 더 빨리 쑥쑥 자라난다는 것입니다. 하지만 한 가지에 사흘 이상 몰두하면 다른 것은 떨어져 나갑니다. '초등학교 절친'같이 말입니다.

읽고 말하고, 듣고 말하고 쓰고 말하기

'우선 리딩부터 잡으라!'든지 '리딩이 모든 것을 결정한다'는 문구를 자주 봅니다. 하지만 이것은 아주 많이 위험한 발상입니다. 위의 슬로건이 말이 되는 경우와 그렇지 않은 경우가 있습니다.

- '리딩'이 영어 전체를 좌우하는 경우 : 원어민의 경우. 미국 유학, 혹은 장기 체제 등으로 영어 구사에 문제가 전혀 없는 경우. 한국에서 공부를 했더라도 읽은 것을 바로 말로 바꿀 수 있을 만큼 영어가 숙달되어 있는 경우
- '리딩'이 영어 전체를 좌우하지 않는 경우 : 위의 경우를 제외한 모든 경우

자, 이해가 되시나요? 한국인의 경우 독서를 많이 하는 사람이 말도 잘하는 것이 맞습니다. 하지만 그것은 모국어의 경우라는 것을 잊으면 안 됩니다. 모국어의 경우에 어지간한 사람들은 책으로 읽은 것을 요약해서 말로 전달할 수 있습니다. 하지만 그것은 어릴 때부

터 읽은 것을 말로 전달할 수 있도록 지속적인 훈련을 (무의식적으로라도) 받아 왔기 때문에 가능한 것입니다. 예를 들어 우리는 '철수야 놀자'를 배우던 초등학교 때부터 국어 시간에 선생님들과 다음과 같은 활동을 반드시 수행했음을 떠올리시면 됩니다.

1. 글을 읽어 들려준다.
2. 글을 따라 읽게 한다.
3. 글에 대해 이야기해 준다.
4. 글에 대한 발표를 시킨다.
5. 글에 대한 시험을 본다.

학생이 집에 와서 혼자 글을 읽는 경우를 제외하고 위의 말하고, 듣고, 쓰는 '수업' 행위는 사실상의 '사회적 행위'가 됩니다. 그러니까 지금 우리 어른들이 독서를 하면 그것을 말로 어느 정도 옮길 수 있는 것은 천부적으로 타고난 '자연스러운' 행위가 아니라 우리가 책을 읽을 때마다 의식적으로 훈련되고 길러진 능력이라는 겁니다.

그런데 이런 것을 까맣게 잊어버리고 '영어책을 많이 읽기만 하면 언젠가는 입으로 그것이 터져 나올 것'이라 기대하는 것은 마치 축구에 관한 책을 100권 읽고 나면 우리가 어느 날 갑자기 박지성처럼 축구를 잘하게 될 것이라 생각하는 것과 하나도 다르지 않습니다. 어리석지 않습니까.

하지만 이렇게 생각해 봅시다. 박지성이 축구를 하는 틈틈이 집에서 쉴 때 축구에 대한 이론서를 열심히 읽는다면 그것은 '생각하는 축구'를 하는 데 도움이 될 것이 분명하고 또 몸으로 부딪친 경험은 좀 더 나은 축구 이론을 형성하는 데 도움을 주어서 그가 나중에 축구에 대한 글을 쓰거나 할 때 분명히 도움이 될 거라는 사실이지요. 그러니까 이 '네 친구'는 항상 같이 활동을 해야 하는 친구들인 겁니다. 그래야 우정이 돈독해지고 서로의 성장을 도울 수 있다는 것이지요.

그렇다면 어떻게 쓰기·듣기·읽기·말하기를 학습시키면 좋을까? 우선 도움이 되는 방법은 아래와 같습니다.

어쨌든 말로 할 수 있는 기회를 준다.

네 가지 학습을 아우르는 이상적 공식은 다음과 같습니다.

1. 읽고 나면 반드시 말하게 하라.

(책을 다 읽었다고 칭찬만 하면 안 됩니다. 읽은 것을 말할 기회를 주어야 합니다. 저는 제 딸들에게 자신이 읽은 것을 저에게 영어로 요약해서 말하도록 했습니다. 어머님이 직접 그렇게 해 주기 어려우시다면 학원을 찾을 때 그런 방식으로 '읽기+말하기'로 가르치는지 확인하시면 됩니다.)

2. 쓰고 나면 반드시 말하게 하라.

(일기 등을 쓰는 습관을 들이는 것은 정말로 좋은 방법입니다. 하지만 이것도 일주일 이상 쓰고만 있으면 말로 가는 길이 끊어져 버립니다. 쓴 것을 반드시 말하게 하는 습관을 들여야 합니다. 똑같은 이야기지만 학원에서라

면, 그리고 과외라면 '쓰기+말하기'로 연결되는 교수법을 사용하는지 확인해야 합니다.)

3. 듣고 나면 반드시 말하게 하라.

(학교에서도 입시를 위해 듣기 공부를 시키지만 듣기를 말하기로 연결시키는 곳은 아주 드뭅니다. 하지만 이것 역시 마찬가지로 듣기만 하면 듣기만 늡니다. 그리고 나중에는 '듣기'라는 이 한 아이는 아예 다른 곳으로 전학을 가 버려 딴 세상에서 놀게 됩니다. 위에서 예시했었던 '능력이 불균형한' 인재가 되는 것이지요. 그래서 듣기 역시 '듣기+말하기'여야 합니다.)

위에서 말한 세 가지 학습법을 종합해 보면, 공통분모는 '말하기'이니까 가장 시간을 아낄 수 있는 균형 잡힌 방법은 한 가지 소재로 읽고-말하고, 듣고-말하고, 쓰고-말하는 방법이 되겠지요.

예를 들어 오늘의 소재가 '가족의 식탁'이라면 그 소재에 대한 책을 읽고, 책에 달린 CD를 듣고, 말해 본 다음 혼자 '가족의 식탁'에 대해 글을 써 보고 그 글에 대해 다시 이야기해 보는 식이지요. 이렇게 되면 말하기·듣기·읽기·쓰기 네 개의 영역이 '손에 손 잡고' 서로를 자극하고 보완하며 쑥쑥 자라나게 됩니다.

이것은 Holistic Approach라는 방법으로 세계의 영어 교육계에선 상식으로 통하는 방법입니다. 유독 한국에서만 (혹은 우리에게 이런 원망스런 영어학습법을 처음에 전수한 일본에서도) 단어-문법-독해-듣기-회화의 길고 긴 국토 대장정 같은 코스에서 마치 '극기 훈련'하듯이 가르치고 있는 것입니다.

자, 이제 지금까지 한 이야기를 한마디로 요약해 보겠습니다.

"말하기, 듣기, 읽기, 쓰기의 네 바퀴를 한꺼번에 돌리세요."

이 네 개가 한꺼번에 돌아야 하는 시한은 '해 떨어지기 전'입니다. 하루라도 지나가면 그중 하나만 자라나서 격차가 벌어지고, 조금이라도 격차가 생기면 다른 것은 하기가 싫어지기 때문입니다.

좀 더
조직적이고
계획적이게

'영어 환경'을 어떻게 만들까?

언어에서 제일 중요한 것은 '환경'이라는 말을 많이 합니다. 물론 공부를 하려고 하는 본인의 의지를 제외하면 그렇겠지만 사실 의지적으로 공부하기 힘든 어린아이들의 경우라면 '환경'이 전부라고 해도 과언이 아닙니다.

이런 환경을 다시 영어를 많이 쓰고 접하고 당연한 일로 여기게 만들어 주는 '물리적 환경'과 영어를 공부하고 쓰는 것을 즐겨 하게 하는 '심리적 환경'으로 나누어 볼 수 있습니다. 심리적 환경에 관해서는 이 책에서 처음부터 초지일관으로 제가 강조했었습니다. 어른들이 영어를 대하는 태도가 곧 '심리적 환경'이고 아이들은 그 환경에 물이 들어 어른들의 태도가 그대로 아이들에게 넘어가게 된다고요. 이번 장에서는 제가 강연을 나갈 때마다 부모님들이 늘 물어보는 질문들을 중심으로 아이들에게 어떻게 건강한 '물리적 영어 환경'을 만들어 줄지에 대해 자세하고도 실제적으로 알아보도록 하겠습니다.

'영어가 자연스럽게 스미게 하는 물리적 환경'이란 다시 두 가지로 나누어 볼 수 있습니다. 하나는 쉽게 생각할 수 있듯이 '소극적 환경 조성 : 눈에 보이는 곳에 영어가 있게 하는 것'입니다. 집 밖의 환경이라면 영어 간판이나 인쇄물의 영어 글자 같은 것이고 집 안으로 말하자면 방에 붙여 놓는 파닉스 포스터나 엄마가 틀어 놓는 팝송, 아빠가 틀어 놓는 CNN 뉴스 같은 것이겠지요. 이런 것이 아이가 영어와 친숙해지는 데에 도움이 되느냐고 물으신다면 '100%는 아니라도 분명 도움은 된다'고 말씀드리겠습니다. 반대로 그런 것이 완전히 없는 경우보다는 아이가 확실히 영어에 '친숙함'을 느낄 것은 물리적으로 보아도 명약관화합니다.

하지만 문제는 처음에 이런 것을 붙이고 설치하고 들려줄 때는 아이들이 자극받고 신선해하지만 시간이 조금 지나서 익숙해지면 그것을 '영어'가 아니라 그냥 '환경'으로만 인식하고 그것과 아무런 교감도 하지 않는다는 것입니다. 우리가 몇 년씩 입고 다니는 티셔츠에 영어로 무슨 글씨가 쓰여 있는지 별로 신경 쓰지 않는 것과 같은 이치입니다. 벽에 영어 글씨가 붙어 있어도 '그것으로 아이가 무엇을 해야 할지'가 확실치 않으면 아이에게 그것은 그저 '벽지의 디자인 요소' 정도로 인식될 수가 있습니다.

영어로 음악을 들려주는 것도 마찬가지입니다. 그런 것들이 무의식적으로 입력되었다가 나중에 공부를 할 때 좀 더 친숙하게 다가올 수는 있겠지만 그렇게 입력을 시키는 것만으로 '어학'은 아닙니다. 그냥 가사 대신 '우우우~' 하며 의미 없는 허밍으로 노래를 하는 것과 크게 다르지 않습니다. 아직은 어학이 아니라 그냥 음악이라는 것이지요.

그럼 어떤 환경이 중요한가? 바로 '적극적 환경 : 아이가 매 순간 영어로 반응할 수밖에 없는 환경'이 중요하다는 것입니다. 그런 적극적 환경은 결국 사람(부모)의 개입이 있어야 하고 그 개입도 '집에서 영어를 쓰자' 정도가 아니라 좀 더 조직적이고 계획적이어야 합니다.

자, 그럼 아이가 집에서 자연스럽게 영어에 젖어들 수밖에 없는 '소극적 환경 조성'(물론 이것도 필요하니까요)과 '적극적 환경 조성'에 대해 알아보도록 하겠습니다.

소극적 환경 조성
눈과 귀가 가는 곳에 영어가 있게 하라!

눈과 귀가 가는 곳에 영어가 있게 하는 것은 생각보다 어려운 일이 아닙니다. 이것은 일단은 '양'에 관한 문제이기 때문입니다. 문에도 단어를 걸고 벽에도 포스터를 붙이고 식탁에도 단어를 붙이면 되는 것이고 낮에 애가 놀 때 배경음악을 영어로 깔아 주면 되는 것입니다. 하지만 이와 함께 반드시 생각해야 할 문제가 있습니다. 바로 '질'에 관한 문제, 그리고 '환경의 운용'에 관한 문제입니다. 말이 조금 딱딱해지는 감이 있으니 쉽게 풀어 보자면 아래의 두 가지를 고려하자는 겁니다.

1. 눈에 보이는 것도 기왕이면 예쁘게
2. 귀에 들리는 것도 기왕이면 아이가 좋아하는 내용으로

우선 이런 것을 염두에 두십시오. 아이는 앞에서 서술했듯이 일단 눈에 보이고, 손으로 만져지는 것들을 인식하는 것을 좋아합니다. 그러므로 아이의 손과 눈이 가는 곳에 일단 영어로 된 단어들을 붙여 두시면 좋습니다. (한국어로 병기하는 것도 좋습니다. 다음 장에서 서술하겠지만 결국 아무리 노력해도 아이의 모국어는 한국어가 될 것이며 '모국어보다 외국어를 잘하는 경우는 절대로 없으니' 모국어의 판을 흔드는 것은 바람직하지 않기 때문입니다.)

일단 집 안에 단어를 배치한다고 했을 때의 '단어'란 물건들을 지칭하는 '명사'가 됩니다. 명사는 문장을 운용하는 포석으로 마치 장기판의 말과 같은 존재입니다. 아무리 운용(동사)을 잘한다고 해도 말이 없으면 장기를 둘 수 없기에 아이들의 생활 속에 있는 명사들을 자연스럽게 영어로 전환해 주는 것은 아주 좋은 준비운동이 됩니다.

아래는 아이들의 눈과 손이 가는 곳에 붙여 넣을 수 있는 명사들의 종류입니다.

1. 집 안 구조 - living room, bathroom, kitchen, door, door knob…

2. 집 안 물건 - refrigerator, lamp, chair, bed, tray, dish, knife, toothbrush… 등등

3. 학습도구 - book, bookshelf, pencil…

4. 기타

〈기타 단어들〉

alarm clock 자명종 | attic 다락방 | basket 바구니 | bathroom 욕실 | bed 침대 | bedroom 침실 | broom 빗자루 | bulb 전구 | candle 양초 | carpet 카펫 | chair 의자 | chimney 굴뚝 | clock 벽시계 | couch 소파 | cup 컵 | cupboard 찬장 | fan 선풍기 | fence 울타리 | fireplace 벽난로 | fridge 냉장고 | furniture 가구 | garden 정원 | house 집 | iron 다리미 | key 열쇠 | kitchen 부엌 | lamp 램프 | lawn 잔디 | living room 거실 | microwave oven 전자레인지 | roof 지붕 | shelf 선반 | table 식탁 | vase 꽃병 | window 창문 | yard 마당 | ruler 자 | sharpener 연필깎이 | eraser 지우개 | pencil 연필 | pen 펜 | book 책 | school bag 책가방 | pencil case 필통 | scissors 가위 | glue stick 풀 | globe 지구본 | dictionary 사전 | crayon 크레용 | paper 종이 | stapler 스테이플러 | black board 칠판 | desk 책상 | chalk 분필 | white board 화이트보드 | curtain 커튼 | sink 싱크대 | shoe rack 신발장 | toy box 장난감 통 | telephone 전화 | bicycle 자전거 | mirror 거울 | toothbrush 칫솔 | toothpaste 치약 | comb 빗 | soap 비누 | calendar 달력 | washing machine 세탁기 | window 창문 | fork 포크 | chopsticks 젓가락 |

chopping board 도마 | knife 부엌칼 | spoon 숟가락 | trash can 쓰레기통 | toilet roll 휴지 | towel 수건 | toilet 변기 | bookcase 책장 | vacuum cleaner 청소기 | dining table 식탁 | door 문 | flower pot 화분 | calculator 계산기 | compass 콤파스 | magnet 자석 | timetable 시간표 | map 지도 | dustpan 쓰레받기 | computer 컴퓨터 | indoor shoes 실내화 | textbook 교과서 | mop 대걸레 | study room 서재 | dishwasher 식기세척기 | oven 오븐 | pot 냄비 | apron 앞치마

이렇게 온 집 안을 '영어로 도배'하는 것이 좀 극성스럽게 느껴질 수도 있지만 그래도 그렇게 안 하는 것보다 훨씬 아이를 영어와 친숙하게 하는 환경을 만든다고 생각하면 못 할 것도 없겠죠?

다음은 '시청각' 부분입니다. 어릴 때 아이가 영어로 된 노래를 많이 듣는 것은 나쁠 것이 없습니다. 앞에서 서술했듯이 그것이 응용되고 적용되는 부분만 더해 준다면 더할 나위가 없는데 그것을 어떻게 학습적으로 적용할지는 뒷장에서 기술하기로 하겠습니다.

어린이들 정서에 좋은 음악을 들려줄 수 있는 대표적인 사이트

▪ https://www.poissonrouge.com/
미취학 아동부터 초등학생까지 언어와 음악, 미술, 수리 등 다양한 분야를 자연스럽게 익혀 나갈 수 있는 웹사이트. 유럽의 학부모들 사이에서 가장 인기 있는 사이트 중 하나.
콘텐츠가 좋은 대신 연간 회비가 있음. 대략 한화 25,000원가량.
▪ http://pbskids.org/
영어로 읽기, 게임 등 다양한 유형의 activities를 통해 자연스럽게 영어와 친근해지면서 듣기와 읽기, 말하기 등을 꽤 높은 수준까지 익힐 수 있는 웹사이트.

- http://www.funbrainjr.com/

이 사이트 역시 어린이들의 산수, 언어, 문제 해결 능력 등을 게임과 이야기를 통해 개발시킬 수 있게 디자인된 유용한 사이트.

그외에

- http://www.gruffalo.com/
- http://www.cbeebies.com/asia/
- Wonderopolis
- National Geographic Little Kids
- National Geographic Kids
- Fun Brain
- Whyville
- Pottermore
- Spatulatta
- NGA Kids
- Yahoo Kids

'소극적 환경 조성'은 별로 어려운 문제가 아니라 그냥 상식적인 실천으로도 충분히 좋은 결과를 얻을 수가 있습니다. 다만 한 가지, 명심해야 할 것이 있다면, 7세 이하의 아이라면 절대로 그것을 '학습'으로 느끼지 않도록, 강요하지 않는 분위기가 중요합니다. 아이가 화장실에 가려고 할 때마다 "화장실 문에 뭐라고 써 있어? 읽어 봐!" 이런 식으로 하는 것은 정말로 아이에게 큰 부담과 상처를 안길 수 있습니다. 이럴 때는,

아이 : 엄마, 나 화장실….

엄마 : 아, bathroom 가려구?

이렇게 반응하는 것 이상을 넘어가면 그 순간부터 그것은 아이에게 폭력이 될 수 있다는 것을 명심하십시오. 구체적인 지도법은 다음 장에서 계속하겠습니다.

적극적 환경 조성
영어가 필요하게 하라!

'집에서 엄마가 영어를 쓰는 것'이라는 크나큰 주제를 다룸에 있어서 일단 아래의 세 가지 의문이 불현듯 드실 거라 생각됩니다.

1. 내 실력으로 과연 가능한가?

2. 아이의 한국어가 망가지지 않을까?

3. 내 발음을 닮으면 어떻게 하나?

그리고 마지막으로,

4. 해 보았으나 아이가 전혀 협조하지 않는다면?

집에서 쓸 표현들은 얼마든지 정리해서 드릴 수 있으나 위의 문제들에 대한 속시원한 답을 얻기 전에는 출발하지 못하실 거라 확신해서 우선 차근차근 설명을 드리도록 하겠습니다.

엄마의 영어 실력 문제

이 문제에 관해서는 good news와 bad news가 있습니다. bad news는 단연 '엄마의 공부가 필요하다'는 것일 테고 (공부 하나도 안

하고 아이와 영어로 대화를 할 수 있는 경우가 있다면 그것은 엄마가 미국인이거나 아니면 적어도 필리핀인일 테지요.) 하지만 good news는 아이와 써야 할 영어가 뭐 그리 많지 않다는 것입니다. 일단 감정상의 섬세한 문제는 아이가 영어로 다 이야기하려면 영어도 영어지만 모국어를 쓰지 못하는 것에 대한 스트레스를 심하게 받게 될 테니 그렇게까지 가기도 힘들고 갈 수도 없다고 생각됩니다. 그래서 일단 쓸 수 있는 것들이 주로 엄마의 입장에서는 '엄마의 잔소리'가 되고 (예 : Don't run! Stop jumping! Dinner is ready…) 아이의 입장에서는 '아이의 요구'와 관련된 표현(예 : I am hungry. I have to pee…)만 알면 된다는 것을 눈치채셨겠죠? 게다가 그것을 대충 정리해도 합쳐서 100개 정도를 넘지 않습니다.

복잡한 영문법을 몰라도 조금만 공부하면 (구체적으로 말씀드리자면 회화 기초반에 두 달만 다녀도) 얼마든지 말할 수 있는 아주 기본적인 내용입니다. 본인도 공부할 겸, 앞에서 말씀드린 것처럼 '영어를 좋아하는 모습도 보일 겸' 꼭 도전해 보시길 권합니다. 엄마를 위한 아주 초보적인 내용의 문법이나 회화를 위해서 참고할 수 있는 책이나 온라인 강좌는 아래와 같은 것들을 권합니다.

『**영어회화 무작정 따라하기**』 – 문단열(길벗 이지톡)
http://www.kyobobook.co.kr/search/SearchKorbookMain.jsp

소화제 영문법 – www.mbest.co.kr : 문단열

모국어와 외국어의 관계 문제

이건 깊은 이해가 필요한 문제라 조금 자세히 설명하도록 하겠습니다. 이것은 아이가 어릴수록 예민해지는 문제인데, '자칫 잘못하면 아이의 모국어를 망쳐 버릴 수 있다'는 것을 말씀드려야겠습니다. 하지만 '영어를 열심히 가르치면 한국어가 망가진다'고 생각하는 데에는 반론의 여지가 있습니다. 결론부터 말씀드리자면, 영어를 아무리 많이 가르쳐도 아이의 삶의 '기반'이 한국어이면 그 아이의 한국어에 문제가 생기지 않습니다.

그렇다면 이 '삶의 기반'이라는 말이 무엇을 뜻하는지만 확실히 하면 되겠지요. 우선은 아이의 모국어로서의 한국어가 위험에 처하는 경우를 보고 그 공통점을 찾아보면 재미있을 듯합니다.

a. 영어로 말할 때만 항상 칭찬한다.
b. 한국어만 말하는 사람을 얕보는 듯한 행동을 부모가 보인다.
c. 영어를 못하는 아이들과 자녀를 자꾸 비교한다.
d. 영미 문화야말로 멋지다는 식의 말을 자주 한다.
e. 하루 중 아이가 영어로 말하는 시간이 더 길다.

자, 눈치채셨나요? 마지막의 e항을 제외하고는 모두 다 아이가 한국어 하는 것을 창피해하거나, 열등한 행위라고 여기는 경우입니다. '내 아이는 다르다'는 우월감을 영어를 통해서 심고, 또 아이가 그런 비교를 통해 영어를 붙들도록 심리적으로 유도하는 '극약처방'이라고 할 수 있습니다.

제가 직접 목격한 사례 중엔 아이가 초등학교 2학년이 되었는데 영어가 달리는 아빠와는 말도 하지 않으려고 하는 극단적인 경우도 있었습니다. 그런데도 아빠는 그게 너무 기특해서 "허허" 하고만 있었고 저는 그 장면이 너무 기가 막혀서 "헐" 했던 기억이 있습니다. 초등 2학년에 벌써 한국어만 말하는 아빠를 상대하지 않으려 하는 아이의 모국어가 나중에 어떻게 될까요? 이런 아이는 '판의 혼동'으로 나중에 영어마저도 원어민의 수준에 이르지 못하는 것이 보통입니다. 아예 미국인으로 키우려면 집에서 부모가 완벽한 영어를 써주든가 해야 하지만 그것이 불가능하니까 말입니다. 그러니까, 반대로 위와 같은 경우만 아니라면 걱정할 것이 없다는 겁니다.

크게 나누면 a~d항은 '정서적 : 영어를 중시하고 한국어를 경시하는' 식의 우를 범하는 것이고 e항은 물리적으로 아이가 한국어 할 기회가 너무 없다는 게 문제인데 이것은 한국에서 아이를 공부시키는 경우에는 걱정할 필요가 전혀 없습니다. '영어로 말하는 시간이 얼마나 길면 한국어에 문제가 생기냐?'고 물어 오시는 분들이 많은데 대답은 아주 간단합니다.

"한국어로 말하는 시간보다만 적으면 됩니다."

chapter
04

같이 뛰라

Alongside

함께 공부하라

함께 공부하는 친구가 되어 주라

무엇을 성취하고자 할 때 인간이 가지고 있는 본성상 꼭 필요한 것이 세 가지 있습니다. 첫째가 목표요, 둘째가 재미, 그리고 나머지 하나가 바로 '친구'입니다. 목표가 없으면 제자리를 맴맴 돌게 되고 재미가 없으면 먼 길을 연료도 없이 가는 것과 같습니다. 하지만 그 목표도 재미도 같은 길을 가는 길동무가 없으면 제때에 공급될 수가 없습니다.

아이가 커서 그런 친구들을 스스로 사귀고 친구의 수까지도 조절할 수 있는 때가 되기 전까지 아이의 영어공부에 있어서 목표를 제공하는 사람도, 재미로 유도하는 사람도 엄마, 아빠이고 아이의 유일한 '공부 친구'가 되어 주는 사람도 역시나 부모여야 합니다. 책 사 줬다고 끝나는 것이 아니고 학원에 보냈다고 끝난 것이 아닙니다.

부모는 아이에게 영어공부의 '친구'여야 합니다. 세상에 혼자 공부하는 것처럼 고독한 것이 어디 있겠습니까. 여기서 '친구'라 함은 꼭 '선생'이 되라는 것이 아니니 큰 부담을 느끼지 않기 바랍니다. 그저 같은 것을 좋아하는 친구면 됩니다.

앞에서 간단히 기술한 적이 있는 〈뽀뽀뽀〉 영어 더빙의 아이의 경우처럼, 엄마가 꼭 선생일 필요가 없다는 것이 첫 번째로 기억해야 할 점입니다. 영어를 잘하는 어머니들을 많이 보아 왔지만 전문가적 견지에서 보면 사실상 다들 아마추어 수준을 벗어나지 못하고 있습니다. 어차피 엄마가 네이티브나 그에 준하는 실력을 갖춘 것이 아니라면 마음에 큰 부담을 가지고 가르치려고 드는 것보다는 무슨 동호회의 선배쯤이라 자신을 생각하고 같은 취미를 아이와 나눈다는 마음가짐을 갖는 것입니다.

엄마에게 모든 것을 의지하고 있는 아이의 상황에서 엄마가 잘하라고 압력을 가하는 것보다는 같이 즐거워하자는 태도를 보이는 것이 영어에 대한 아이의 '호감 증진' 측면에서 좋고, 장기적으로 이 호감이 아이의 실력을 키울 것이라는 것을 꼭 기억하시길 바랍니다.

가정 내 영어교육의 의문점들

아이의 영어를 직접 책임져 주고 싶다는 생각은 우리나라 부모들 대부분이 가지고 있는 일종의 소망일 것입니다. 하지만 감히 엄두를 못 내고 있는 분들부터 한번 시도를 해 보았으나 그것이 그렇게 녹록치 않다는 것을 호소하는 분까지 참으로 다양한 경험들이 있더군요. 엄마나 아빠의 영어 실력이 네이티브급이라면 그냥 집에서 영어로 말해 버리면 되는 일이지만 만일 이 책을 사서 읽고 있다면 이미 그런 분은 아니라고 봐야 하겠죠.

자, 다시 한 번 문제를 한마디로 정리해 봅시다.

문제 : 도대체 내 실력을 가지고 아이에게 영어교육을 시킬 수 있는 것인가?

이 문제에 대해 정확한 답을 역시 한 문장으로 요약하자면 아래와 같습니다.

해답 : 부모의 '실력'이 아니라 '행동의 일관성'만이 문제가 된다!

자, 이것이 무슨 뜻인지 슬슬 각론으로 들어가 보겠습니다.

엄마의 엉터리 발음으로 가르쳐도 돼요?
양이 문제가 아니라 비율이 문제다

'엄마표 영어'를 실행하고 싶은 집에서 가장 먼저 터져 나오는 의문은 바로 '내 발음으로 가르쳐도 되나?'일 것입니다. 사실 자신의 발음에 완전한 자신감을 가진 부모는 백에 하나 있을까 말까 할 것이 분명하니까요. 아이의 발음이 어릴 때 형성된다는 것은 백문가지의 사실인데 사실상 영어를 가르치는 사람이 엄마이니 엄마의 발음을 그대로 물려받는 것이 아닌가 하는 우려는 상식을 가진 부모라면 누구나 할 수 있는 것이라고 보입니다. 하지만 전 '걱정 말라'고 우선 말씀드리고 싶군요. 왜냐하면 아이의 발음은 '콩글리시'와 '잉글리시'의 비율 중 우세한 쪽으로 기운다는 사실 때문입니다.

사투리가 심한 지방에서 서울로 올라온 가정이 있다고 합시다. 아이는 서울에서 나고 자랐지만 집 안에 들어가면 온통 그 지방 사투

리입니다. 이럴 경우 아이의 말투는 어떻게 될까요?

1. 가족의 말투를 따라간다.
2. 살고 있는 곳의 말투를 따라간다.
3. 두 가지가 반반씩 섞인다.

대부분의 경우 답은 2번이 됩니다. 집에서 완전히 한국어만 쓰고 있지만 완전한 영어 네이티브 스피커가 이민자 가정에서 나오는 것과 같은 이치입니다. 양쪽 부모 모두가 경상도 출신이라도 서울에서 자라난 자녀는 친구들과 같이 멀쩡한 서울 말을 사용하는 것이지요. 뭐, 가끔 가다가 경상도 말투가 살짝 묻어 나오는 경우는 있지만 아주 경미해서 전문가가 아니면 눈치를 챌 수 없을 정도입니다.

이런 현상은 왜 생기는 걸까요? '아이들은 친구들의 말투를 따라간다?' 이런 걸까요? 아니면 '학교에서 쓰는 말이 가장 중요하다…?' 뭐 다 가능성은 있지만 가장 유력한 것은 역시 '절대량의 공식'입니다. 예를 들어 아이가 유치원에 가기 전 집에서 부모와 보내는 시간이 절대적으로 많을 경우 말투는 당연히 부모의 말투 그대로일 것입니다. 하지만 아이가 학교에 나가기 시작하면 보고 듣고 말하는 양에 있어서 부모의 그것과 비교가 되지 않게 많아집니다. 어느 쪽이 확실한 우위를 가지고 있냐는 물리적인 양에 달려 있는 것이지요.

간단히 말해 부모가 아이에게 동화책을 하루에 한 시간씩 들려주는데 이 아이가 같은 동화책의 CD를 서너 시간 듣는다면 아이의 발음은 정확한 발음 쪽으로 기울어질 것이란 이야기입니다. 마찬가지로 발음이 별로 좋지 않은 엄마와 하루에 두 시간이 넘게 영어로 대화를 나누고 있다고 해도 이 아이가 하루의 대부분을 영어 유치원에서 보내고 있다면 또한 문제가 되지 않습니다.

이와 함께 꼭 기억해 두어야 할 것이, 올바른 발음에 노출되는 시간의 비율이 압도적으로 많게 하는 것과 동시에 그 비율에 '일관성'이 있어야 한다는 것입니다. 한 달은 엄마가 하다가 한 달은 완전히 미국인에게 맡겼다가 또 한 달은 엄마. 이런 식의 일관성 없는 방식은 아이의 인지에 혼란을 초래하기 십상입니다. 올바른 발음에 '압도적으로' 노출되는 시간의 비율을 70% 이상으로 정하면 엄마의 의무는 아이가 이런 비율을 꾸준히 유지할 수 있도록 도와 주는 것입니다. 그래서 '일관성'입니다.

애가 집에서 영어를 안 하려 해요
의욕이 문제가 아니라 '일관성'이 문제다

'엄마표 영어'의 실패담 중 정말 자주 듣는 것이 '아이의 비협조'입니다. 엄마는 영어로 좀 해 보려 하는데 아이가 좀처럼 하려고 하지를 않는다는 겁니다. 하지만 이것은 대단한 오해입니다. TV 프로 〈개과천선〉에 나오는 강아지들의 나쁜 버릇이 누구 책임일까요? 말할 것도 없이 '100% 견주 책임'입니다. 마찬가지입니다. 어린아이가

무엇을 안 하겠다고 하면 다 그만한 이유가 있습니다. 그런데 영어 대화의 경우 그 이유의 대부분은 '부모의 일관성 결여'입니다.

예를 들어 봅시다. 엄마는 어느 날 엄마표 영어는 아주 효과가 있으며 집에서 쓰는 100여 개 정도의 표현만 쓸 수 있으면 그리 어려운 것이 아니라는 점을 알고 난 후 용기백배 하여 아이와 그것을 바로 실천에 옮기려고 합니다. 아이에게 이것이 아주 재미있으며 좋은 것이라는 점을 친절하게 설명한 후 앞으로 거실에서는 영어를 쓰자는 등의 약속을 합니다. 한 며칠 동안 동의를 한 아이는 그냥 그러려니 하고 그것을 지킵니다. 어느 날 엄마가 아빠와 전화를 하다가 갑자기 눈꼬리가 올라갑니다. 뭔가 남편이 속을 긁었는지 분이 치미는 모습을 하고 있습니다. 아이가 옆에서 물끄러미 보고 있다가 한마디

합니다. "Are you angry?" 거기다 대고 엄마가 냅다 한마디 내뱉습니다. "아 좀 가만 있어 봐!"

엄마들이 아이와 영어를 쓰자고 해 놓고 사실상 그 약속을 먼저 깨는 것도 엄마라는 사실을 엄마들은 잘 모르고 있습니다. 그렇게 하기까지 설득하거나 습관을 들이기가 힘들어서 그렇지, 일단 그런 습관이 자리를 잡고 나면 아이들은 오히려 곧잘 합니다. 어쩌겠습니까, 시키는 대로 해야지. 하지만 부모는, 특히 한국의 엄마들은 너무나 감정에 휘둘립니다. 평상심에서는 계획대로 하지만 너무 기쁘거나 너무 화가 나거나 감정적인 흔들림이 있을 때에 영어를 쓰겠다는 아이와의 조약을 먼저 깨뜨리는 것은 거의 다 엄마 쪽이라는 말입니다. 그래서 또 한 번 대답은 '일관성'입니다.

그럼 이런 의문이 생깁니다. '아니, 어떻게 하루 종일 영어로 말하라는 말인가. 내가 네이티브가 아닌데….' 그래서 하루 종일 아이와 영어로 말하는 것은 절대로 좋은 생각이 아닙니다. 하지만 '일관성'만 보장된다면 아이와 조건부 조약을 맺는 것은 아주 효과가 큽니다. 예를 들어 아래와 같은 현실적인 대안이 가능합니다.

1. 공간의 일관성 :

'거실에서는 영어', 혹은 '공부방에서는 영어' 하는 식의 규칙을 만드는 것입니다. 그렇게 하다가 지치면 다른 공간으로 가면 되기 때문에 꼭 하고 싶은 말을 한국 말로 못 하게 되거나 지나치게 스트레스를 받지는 않게 됩니다. 하지만 그 공간 안에서는 어른이 어떤 경우에도 솔선수범해서 기분과 관계없이 규칙을 지켜 주어야 합니다. 아이들은 그저 어른이 하는 대로만 따라한다는 것을 명심하셔야 합니다.

2. 시간의 일관성 :

'아침에 유치원 가기 전까지의 모든 활동은 영어로', 혹은 '저녁 7시부터 9시까지는 영어로' 하는 식의 시간 규정을 두는 것입니다. 이 역시 하루 종일 영어를 해야 하는 스트레스에서 아이와 부모가 동시에 해방될 수 있어서 상당히 합리적인 방법이라 할 수 있습니다. 요는 아이가 지나치게 스트레스에 시달리지 않게 해야 한다는 것이니까요.

3. 이벤트 일관성 :

'식사할 때는 영어로 대화' 혹은 '같이 TV를 볼 때는 영어로 대화', 또는 '같이 놀러 나갔을 때는 영어로…' 같은 규칙을 말합니다. 이런 방식도 확실히 규칙을 지켜 줄 경우 아이는 그런 이벤트에서 영어 쓰는 것을 당연시하게 됩니다. 중요한 것은 어른 스스로 그 규칙을 허물지 않는 것입니다.

4. 사람 일관성 :

'아빠는 영어', '엄마는 한국어' 하는 식으로 역할을 정하는 것입니다. 엄마나 아빠가 영어에 정통한 경우에 효과가 큽니다.

5. 기능 일관성 :

부모와 아이가 서로에게 '요구'를 할 때만 영어로 하는 방식입니다. 그러니까 아이의 입장에서는 뭐 아쉬운 게 있어서 부모에게 해 달라고 할 때는 영어로 해야 한다는 것이지요. 그렇게 안 하면 안 들어주면 되니까 반드시 영어를 하게 되어 있습니다. 약점이라면 아이가 뭔가 급한 요구가 있을 때에도 영어로 그것을 생각해야 하므로 정서적인 스트레스는 좀 높다고 할 수 있습니다.

위의 5가지 방식 중 어느 하나를, 혹은 둘 이상을 복합적으로 적용할 수 있습니다. 하지만 '법'이 중요한 것이 아니라 '준수'가 중요한 것처럼 무엇을 채택하든 부모가 그것을 먼저 지키느냐 안 지키느냐가 성패를 좌우할 것입니다.

DVD 등을 보여 줄 때의 의문점들
아이의 입장에서 생각하라

아이는 '공부하는 기계'가 아닙니다. 알아듣지 못하는 CD나 DVD를 틀어 놓고 아이가 그것을 듣고 보면 저절로 영어를 익히게 될 것이라고 생각하는 것은 무책임한, 혹은 어쩌면 잔인한 일일지도 모릅니다. 그냥 간단히 입장을 바꿔 놓고 생각해 보면 됩니다. 한국에서 살며 한국어를 하고 한국어로 된 TV를 보던 우리에게 누군가가 갑자기 영어로 된 소리와 영상을 강제로 보게 한다면, 그리고 그것을 본 후에는 줄줄줄 외우기를 기대한다면 어른인 우리가 생각해도 숨이 턱 막히는 상황 아닌가 말입니다.

영어로만 보여 줘야 하나요?

영어로만 된 DVD 등을 들으면 스트레스를 받지 않는 시기는 아이가 한국어 환경에 완전히 적응해 버리기 전인 만 36개월까지로 보면 됩니다. 그때까지는 사실 어른들이 하는 한국 말의 10% 정도도 아이가 못 알아듣는다고 보기 때문에 영어를 들려주나 한국어를 들려주나 아이에게는 다 신기하고 생소하기는 마찬가지라고 생각하면 됩니다. 하지만 아이가 있는 집에서는 벌써 느꼈겠지만 아이가 만 3세를 넘어가게 되면 외국어로만 무엇이 진행되는 것에 슬슬 스트레스를 받기 시작합니다. 평균적으로 그렇다는 이야기이고 아이에 따라서는 8세가 되도록 전혀 그렇지 않은 아이도 있고 그보다 더 어려도 외국어에 부담을 느끼는 경우도 있습니다. 어떤 경우가 되었든 중요한 것은 아이에게 억지로 시키면 안 된다는 것입니다. 일단 아래의 순서를 따라 아이의 상태를 보고 진행하세요.

1. 영어 DVD 등을 틀어 줘 본다.

2. 재미있게 보고 따라하며 반복적으로 틀어도 좋아한다.

(이런 경우는 그냥 두시면 됩니다. 아이는 자연스럽게 그 속에서 나오는 표현들을 익히게 되는데 물론 그것이 외국어인지 한국어인지 구별을 두고 인지하는 것은 아닙니다. 그냥 개그 프로의 유행어를 따라하듯 한다고 생각하시면 됩니다.)

3. 한두 번 본 다음부터는 안 보려고 한다.

(아이가 좀 컸다는 뜻입니다. 이럴 땐 DVD 등의 내용이 유치해서 그렇게

반응하는 것인지, 아니면 영어로만 나오는 것에 부담을 느끼는 것인지 잘 살펴야 합니다. 아이에게 물어보아도 좋습니다.)

4. 아이가 한국어로 틀어 놓고 보려고만 한다.

(아이가 확실히 영어에 부담을 느끼고 있는 것이고 그만큼 한국어에 익숙해져 있다는 뜻입니다. 이럴 때 당황하실 필요가 없습니다. 아이가 컸다는 뜻이고 그것은 모국어와 외국어에 대한 인식이 생겼다는 뜻이기 때문에 차분하게 아이에게 영어로도 듣게 하고 한국어로도 듣게 한 후 그 차이를 설명하고 같이 공부하는 식으로 따라가면 됩니다. 중요한 것은 엄마의 태도입니다. 이걸 사 줬으니 네가 알아서 하라고 방치하거나 본 것을 말해 보라는 식으로 고압적으로 하면 아이는 바로 스트레스를 받아 영어 자체에 정나미가 떨어지게 됩니다. 평생 아이와 함께하게 될 대상을 아이가 끔찍이 싫어하게 만드는 일이라고 할 수 있겠습니다.)

다시 한 번 정리해 봅시다. DVD가 되었든, CD가 됐든, 영어 동영상이 됐든 방법은 대상에 따라 달라지는 것이고 대상이 36개월 이전의 아이가 되었든, 만 7세까지의 아이가 되었든 결코 하지 말아야 할 것은 '무섭게 공부 시키기'라는 것이지요. 그래도 '학습'인데 확인은 해야 하지 않냐고요? 그러니까 말씀드리지 않습니까. 엄마와 함께하는 취미 생활 같은 분위기를 잡으라고요.

나부터 영어를 못해서…

가정 내 영어 대화는 100문장도 안 된다

여러 번 반복해서 말씀드렸듯이 엄마의 영어 실력 자체는 문제가 되지 않습니다. 오직 '태도'가 문제가 됩니다. 엄밀히 따지자면 네이티브 스피커를 제외하고 완벽하게 영어를 구사하는 엄마가 대한민국에 몇 명이나 되겠습니까. 그들이 다 아이에게 영어를 결코 가르칠 수 없는 부적격자라고 한다면 '엄마표 영어'는 처음부터 불가능한 일이 되는 것일 겁니다. 하지만 아이는 영어를 잘하는 선생님에게 배우면 되는 것이고 엄마 아빠의 역할은 따로 있습니다. 바로 '태도'를 전이시키는 것이지요.

이와 관련하여 잠깐 옛날 이야기로 돌아갑니다. 제가 EBS에서 진행하던 〈English Café〉는 아이를 키우는 많은 가정과 각급 학교에서 사랑을 받았습니다. 단순히 그것을 시청한 것뿐만 아니라 다들 보면 노래하고 따라하고 했던 것으로 기억합니다. 그리고 저는 아직도 이런 얘기를 자주 듣습니다. "그때 공부한 turn right, turn left… 그 표현 아직도 기억하고 있어요!" 하면서 그 프로가 어떻게 자신을 영어 잘하는 사람이 되게 했는지를 이야기합니다.

〈English Café〉는 만 5년을 매일 밤 안방으로 찾아간 프로가 맞습니다. 하지만 좀 계산을 해 봅시다. 한 편에서 다루는 표현은 많아야 두 개입니다. 그러면 주말 빼고 5년이면 1,000회 정도가 되는데 1,000회 동안을 하루도 빠짐없이 모두 다 보았다고 해도 5년이면

2,000표현 정도를 공부한 것이 됩니다. 표현 2,000개로 영어를 '잘 하는' 사람이 될 수 있는가? 하는 문제에 대하여 정직하게 답하라면 저는 망설임 없이 "No"라고 대답할 것입니다. '2만'이라면… 모르겠 습니다. 2,000개는 그저 초보딱지를 떼는 정도일 것입니다. 그러므 로 많은 사람들로 하여금 '영어를 잘하게' 했던 원동력은 그 프로그 램의 노출량도, 표현량도 아니었습니다. 바로 그 프로가 사람들에게 전달해 준 '영어에 대한 태도'였던 것입니다. 박자를 맞추고 장난을 치면서 실제로 써 보는, 그런 모습들을 통해서 사람들이 전달받은 것은 표면적으로는 영어의 '표현'이었지만 무의식중에 사람들의 마 음에 각인된 것은 '영어를 사랑하는 태도'였던 거지요.

다시 엄마와 아이의 이야기로 돌아옵니다. 영어를 전문가 수준으 로 잘하면서 아이에게 무섭게 교정을 가하는 영어 선생 엄마와, 영 어 실력은 형편없지만 재미있게 공부하면서 아이와 함께 '동료'가 되는 엄마, 어느 쪽이 더 경쟁력이 있을까요. 단연 후자입니다. 박지 성 선수의 아버지가 어린 박지성에게 축구를 가르치면 얼마나 전문 적으로 가르쳤겠습니까. 축구를 얼마나 좋아하는지, 얼마나 성실히 자신의 일에 임해야 하는지를 가르치면 다 된 것입니다.

그리고 정말로 용기를 내도 되는 또 한 가지 실질적 이유는 집 안 에서 아이와 함께 써 먹을 수 있는 영어 표현은 사실상 100개 남짓 을 넘지 않는다는 사실입니다. 다음은 그 100개의 표현입니다. 집 안의 상황별로 되어 있으니 아이와 함께 꼭 사용해 보시기 바랍니 다. 물론 위에서 말씀드린 것과 같이 규칙을 만들고 반드시 '일관성'

을 지키셔야 합니다. 그게 가장 중요합니다.

아이와 자주 쓰는 대화 문장들

• 호칭 – 엄마가 아이를 부를 때

Sweetie

Darling

Cutie Pie

Honey

• 칭찬 – 잘했어!

Good boy/girl!

Well done you!

You are the best girl/boy!

Wow, that's my boy/girl!

Mommy's so proud of you!

You are a good help!

• 안타까움

Oh dear 오 이런~

Are you all right honey?

Oops!

Oopsy daisy!

• 미안할 때

I am so sorry darling.

Mommy's sorry!

Can you forgive me?

• 그랬구나
Really?
Oh! I see.
That's right.

• 사랑의 표현
Love you darling!
Love you!

• 아이가 부탁해야 할 상황. Please라는 말을 유도하기 위해
What's the magic word? (아이가 공손하게 부탁하지 않으면 이렇게 묻습니다. 그러면 아이는 Please~ 라고 대답하지요.)
Please~. (무슨 부탁이든 들어주는 마법의 단어입니다.)

• 쉬워~
That's easy.
Easy peasy lemon squeezy.

• 인사
See you soon./ See you later darling./ See you later alligator. 나중에 봐.
Hiya!

• 아침/밤에
Morning!
Did you have a good night?
Did you sleep well?
Bed time!

Go wash up and get into bed.

Night night.

Night night sleep tight don't let the bedbugs bite.

Have a good night!

Sweet dreams

- 용변 관련

Do you need the toilet?

Poo poo/pee pee 응가/쉬

Up you go. 일어서.(엉덩이를 닦기 위해 변기에서 일어나라고 할 때)

Have you done?

Are you finished?

Let me wipe your bottom. 엉덩이 닦자.

Lean forward! 엎드려!(엉덩이를 닦으려 할 때)

Wipe your bottom.

Pull up your pants.

Flush the toilet. 화장실 물 내려.

- 길을 건너거나 차도 옆을 지날 때

Stay with mommy.

OK, hold mommy's hand.

Come here honey.

I'm right here. 엄마 여기 있어.

Watch out!

- 목욕/씻는 것 관련

Get into the bathroom!

Let's go and have a bath/shower.

• 말을 잘 안 들을 때

Behave!

Behave yourself!

Calm down!

Naughty boy/girl! 말 안 듣는 녀석!

Don't be silly!

Listen!

Are you listening?

• 어지를 때

What a mess!

Stop being so messy!

Tidy up! 정리해!

Clean up after yourself!

• 친구들과 놀거나 어디 갈 때

Have a good fun!

Enjoy yourself!

• 도와줄 때

Let me help you darling.

Do you need some help?

• 재채기할 때

Bless you!

• 뭔가를 만들거나 잘했을 때

Oh～ that is lovely!

Wow, it's wonderful!

That is great!

Oh! My goodness! You are really good!

• 안아 주고 싶거나 안아 달라고 할 때

Give me a cuddle!

Do you want a cuddle?

Big kiss!

Cuddle mommy darling!

• 옷 갈아입을 때

Let's get changed.

Put your jammies (Pyjama-위 아래 분리되어 있는 잠옷) on.

Nightie(원피스로 된 잠옷) on.

Go and get your socks.

'조기유학'을 보내야 하나요?
그건 아이 성격에 달렸다

중2인 형과 초등학생인 동생을 함께 미국으로 보낸 부부 이야기를 들은 적이 있습니다. 엄마조차 같이 있지 않고 아이 둘을 자취시키면서 돈만 보내 주었는데 형이 동생을 돌보면서 (이건 뭐 소년가장이 따로 없습니다.) 밥도 해 먹고 공부도 훌륭히 해내서 지금은 둘 다 대학을 졸업하고 당당히 국제적인 기업에 취직해 있는 경우를 보았

습니다. 그런데 말입니다. 이런 경우를 제가 기억하고 있는 것은 이것이 제 평생 들은 거의 유일한 '환상적인' 조기유학의 성공 사례이기 때문입니다. 아이의 지능과 관계없이 대부분의 아이들을 어린 시절 부모의 관리 감독이 없으면 통제할 수 없는 생활상의 혼란으로 빠져 듭니다. 정서적으로는 말할 것도 없고요. 꼬박꼬박 해야 할 일을 잘하는 '기특한' 아이들이 있는가 하면 고등학생이 되어도 세수 양치도 잘 하지 않는 '특별 관리 대상'들이 있는 것이지요. 저는 부모님들이 조기유학을 생각하는 경우를 두 가지 대별되는 경우로 나눕니다.

1. 아이에게 정말로 '특별한' 조기유학을 경험하게 하고 싶다.
2. 아이가 영어에 흥미를 전혀 보이지 않는데 이렇게 해서라도 하게 하고 싶다.

전자의 경우는 성공할 확률이 그래도 있는 편입니다. 후자의 경우는 거의 대부분 실패합니다. 여기서 영어가 싫은 아이가 완전히 영어로 포위되는 상황을 어떻게 받아들일까요. 학교가 싫은 아이가 말마저 안 통하는 학교는 또 어떻게 다닐까요. 진정한 '조기유학'이 아니라 '도피유학'이 되는 것이라면 진즉에 그만두는 것이 좋다고 저는 단언합니다. 그래서 아이가 몇 살에 가는 것이 좋은가, 혹은 미국, 캐나다, 필리핀 어디에 가는 것이 좋은가 하는 질문에는 사안의 본질이 없다고 생각합니다. 조기유학의 성패는 아래의 두 가지를 다

가지고 있는가에 달려 있다고 봅니다.

1. 적어도 부모 중 한 사람이 같이 가는가. (한두 달 단기는 빼고)
2. 아이가 한국에서도 영어에 흥미가 있었는가.

아이만 장기간 보내는 것, 아주 위험한 발상입니다. (위에서 언급한 지극히 '기특한' 경우를 빼고 말입니다. 우리 대부분은 그토록 멋진 자녀를 만날 만큼 럭키하진 않은 것 같으니까요.) 그리고 아이가 여기 한국에서 영어를 회피하고 있는데 무조건 보낸다고 해결이 되지 않는다는 것입니다. 꼭 보내려면 여기서 영어에 (적어도 기초회화와 문법에) 자신감을 붙이고 가야 합니다. 그래야 살아남습니다. 극기훈련 캠프에 보낸다고 무조건 멋진 사나이가 되어 돌아오지 않는 것과 같습니다. '현지'는 준비된 아이들에게는 파라다이스이지만 그렇지 못한 아이들에게는 지옥입니다.

'파닉스'에 대한 고민들
언젠간 읽으니 조급해하지 마라

한글은 세종대왕과 학자들에 의해서 '발명'되었고, 영어의 쓰기와 읽기는 수천 년간 '형성'되었습니다. 일시에 창제된 쓰기 시스템은 아주 합리적이라서 한번 '깨치면' 그다음부터는 별반 어려움 없이 혼자서도 그것을 발전시켜 나갈 수 있습니다. 하지만 수천 년에 걸쳐서 '형성'된 영어의 읽기, 즉 '파닉스phonics'는 수많은 방법들이 지층처럼 켜켜이 쌓인 구조를 가지고 있습니다. 똑같은 C의 발음도 아래와 같이 제각각입니다. 똑같은 모음인 O의 발음도 경우에 따라 다 다릅니다.

Case : 케이스   orange : [o]

Cease : 씨이즈   open : [ou]

                          cop : [a]

그래서 파닉스를 2년 한다, 3년 한다는 말이 나오는 것이지요. 하지만 조급할 것 없습니다. 한꺼번에 깨치는 말이 아닌 만큼 그 누구라도 바로 모든 것을 알 수는 없는 것이고 1~3년에 걸쳐서 천천히 그때 그때 말하기 중심으로 단어를 익혀 가면서 나아가다 보면 원리를 후불형으로 깨닫게 되는 것이지요. 어릴 땐 '한글을 몇 살에 깨쳤냐' 하는 것이 집집마다 화제가 될진 모르겠지만 어른이 되어서 누가 한글을 못 읽나요. 결국은 다 읽게 되는 것처럼 파닉스도 세월과 분량이 아이 스스로 그것을 다 깨치게 한다는 것입니다. 뭐 속 터지는 낙관론이라고 생각하실 분들도 있겠지만 저희 집 아이들은 자그마치 고2 때까지 영어에 관심을 가지지 않고 있었고 영어 성적도 별볼 일이 없었지만 고2 때부터 갑자기 영어공부에 불이 붙더니 결국은 수능영어에서 다들 만점(혹은 가까이)을 받고 말았다는 사실을 말쏨드리고 싶습니다.

파닉스 정도는 바보라도 결국 합니다. 오래 걸린다고 조급해하실 것도 없고 빨리 나간다고 으쓱할 것도 아닙니다. 진짜 영어공부는 그런 데 달려 있지 않습니다. 다만, 친구들이 다 영어를 읽을 수 있는데 혼자 못 읽는다면 상대적인 스트레스를 받을 수 있기 때문에 조금은 신경 써 줘야 하는 정도라고 생각하면 되겠습니다. 여기서도 마찬가지로 결코 성급하게 아이를 밀어붙이지 말고 천천히 아이와 함께 간다는 생각으로 접근하시는 것이 가장 중요하다 하겠습니다. 파닉스 책들은 대동소이하지만 선생이 있거나 엄마가 봐준다면 영미 계열의 책들을, 아이가 혼자 자습을 할 수 있는 나이라면 한국 계열의 책들을 권합니다.

'문법'에 대한 고민들
문법은 빨라도 초등 3학년부터

뭐는 안 중요하겠습니까마는 이번 장은 정말로 중요한 내용을 담고 있습니다. 왜냐하면 웬만하면 '즐겁게' 영어를 공부하는 것이 포인트라고 알고 있는 부모들도 다들 한 번쯤은 '문법을 어떻게 할 것인가' 하는 문제에 결국은 맞닥뜨리게 되기 때문입니다. 말하자면 이렇습니다. 남자 아이가 태어납니다. 아이는 어머니의 품에서 애지중지 자라납니다. 덩치가 쑥쑥 커 가도 그냥 아이일 뿐이지 뭐 '남자'

라기엔 좀 싱겁습니다. 그러던 어린아이가 어느 날 덜컥 군대에 갑니다. 부모님과 헤어져야 함은 물론이고 그의 앞에는 엄청난 육체적 정신적 시련이 기다리고 있습니다. 아무 준비도 없었는데 말입니다.

어린 시절에 '재미있는 영어'에만 부담 없이 길들여져 있던 아이가 초등학교를 다니다 어느 날 결국은 '문법'을 마주하게 됩니다. 덩치만 큰 남자가 군대를 가는 것과 맞먹을 일입니다. 아니, 그보다 훨씬 더 큰일인 것은 군대에 간 아이들은 결국 성숙해져서 돌아오지만 '문법'과 처음 만난 아이들은 '살아서' 돌아오는 확률이 5%를 넘지 못한다는 겁니다. 그러니까 엄밀히 말하면 '군대'에 가는 것이 아니라 '전쟁'에 나가는 것이지요. 제가 이렇게 심각하게 이야기를 시작하는 것은 다음과 같은 이유 때문입니다.

유치원을 포함하여 초등학교 저학년(대체로 2학년 때까지) 아이들이 '영어에 관심을 가지고 있냐'는 설문에 '그렇다'고 대답하는 비율은 70%가 넘습니다. 하지만 일단 '문법'이 시작된 중학교 1학년쯤에 이르면 '생존률'은 이미 30% 이하로 떨어진다는 것입니다. 고1 정도에 이르면 결국 '영어에 자신 있다' 혹은 '문법 용어가 익숙하다'는 대답은 5% 이하로 떨어집니다. 물론 그중에서도 말까지 잘할 확률은 전체의 2% 수준이고 말입니다.

그러니까 국가적으로 영어에 관심을 기울이고 있으며 엄마들이 공을 들여 아이들로 하여금 '영어에 호감을 가지게' 해 놓았는데 아이들은 이 '문법'이라는 괴물과 맞닥뜨리자마자 예전의 우리들처럼 주눅이 들어 바로 '비호감 클럽'으로 돌아서 버린다는 것이지요.

영문법이라는 이 괴물이 얼마나 가공할 만한 존재인가 하면, 외국에 몇 년씩 살다 와서 영어를 원어민처럼 구사하는 아이들조차도 영어에 손 놓게 하는 정도라는 말로 설명이 될 것입니다. 농담이 아닙니다. 초등학교 저학년 때 귀국한 주재원 자녀들이 한국의 학교와 학원에서 하는 문법 수업에 한번 들어갔다 나온 후 완전히 영어에 흥미를 잃었다는 말을 저는 수도 없이 들었습니다. 정말 신기한 일입니다. '영어'를 잘하는데 '영문법'에서 병사가 전사해 버리다니⋯. 그만큼 영문법은 아이들에게, 아니 아이들의 성공을 바라는 엄마들에게 너무나 어려운 존재입니다.

하지만 이 '적'도 정확히 그 특성을 파악하고 있으면 반드시 이길 수 있는 방법이 있습니다. 그러니까 이 '문법의 강'을 건너 생존할 수 있는 확률 5%에 우리 아이가 포함될 수 있다는 말입니다. 문법에 대해 명심할 것은 다음과 같습니다.

1. 문법은 '소화제'이다.
2. 문법은 '고도 추상'이다.
3. 문법은 '사다리'이다.

문법은 '소화제'이다

빈 속에 소화제를 먹는 사람은 없습니다. 과식으로 배탈이 나야 소화제를 찾습니다. 빈 속에 소화제를 들이부으면 속만 버립니다. 문법을 먼저 공부하면 안 됩니다. 일단 아는 문장이 많아야 합니다.

비슷한 문장이 한 개 두 개 늘어나다 보면 이게 혼란을 초래(소화불량)합니다. 예를 들어 아래와 같은 것들은 아주 헷갈립니다.

Think less of yourself.(자신을 초라하게 생각하다.)
Think of yourself less.(자신에 관한 생각을 덜하다.)

이럴 때 문법이 개입하는 것입니다. 문법은 '배부른 자들의 잔치'여야 합니다. 영어를 좀 해야 비로소 문법의 '필요'가 발생하게 되는 것입니다. 정확하게 말할 생각이 없다면 사실상 문법을 하나도 안 배우고도 얼마든지 영어를 말할 수 있습니다.

'문법부터 해야 한다'는 생각은 근거가 없는 것입니다. 아이들에게 '문법'을 조기에 주입하려고 하는 시도는 어리석으면서도 또 위험한 것입니다. 왜 위험한지는 바로 다음의 이유 때문입니다.

문법은 '고도추상'이다

이전에도 설명한 적이 있지만 문법은 초등학교 저학년 정도의 아이들이 이해할 수 있는 언어로 설명되어진 체계가 절대 아닙니다. 아래를 보십시오.

부사
=(1) 동사, 형용사, 부사를 돕는 단어
=(2) 움직임을 표현하는 말, 모양과 상태를 나타내는 말, 그것을

돕는 말을 다시 한 번 돕는 말

=(3) 가다, 먹다, 눕다 같은 말을 동사라고 하고 / 크다, 작다, 곱다 같은 것을 형용사라고 하고/ '매우, 아주, 조금'처럼 동사와 형용사들의 정도를 돕는 말을 더욱 더 자세히 하는 말

지금 '부사'라는 문법 용어를 설명한 (1)번이 '추상언어'이고 그 (1)번을 다시 한 번 해설한 것이 '반추상', 그리고 (2)번에 구체적인 예를 더한 (3)번이 '구체적'인 언어가 됩니다. 그런데 이런 언어를 이해하는 데는 인지발달상의 단계, 더 쉽게 말해 '나이'가 중요한 요인이 됩니다. 아니, 더 쉽게 말해 머리가 크기 전에는 죽었다 깨어나도 이해를 못 할 말이 있다는 겁니다. 위의 말을 이해하는 연령상의 단계는 대체로 아래와 같습니다.

추상 단계 : 대체로 초등 3~4학년 이상
반추상 단계 : 대체로 초등 2~3학년 이상

물론 구체적이거나 감각적인 것은 그 이하의 아이들도 잘 알아듣습니다. 그런데 문법을 다룰 때는 '추상'도 아닌 '고도추상', 그러니까 아래와 같은 문장들이 등장한다는 것입니다.

"부사절의 시제는 현재로 한다…."

위에 나온 '부사'라는 말도 저렇게 여러 단계를 거쳐야 이해하게 되는데 거기다 '절' / '시제' / '현재'라는 추상 개념을 순식간에 더해서 말하고 있다는 말입니다. '고도추상'입니다. 어른들조차 오랜 훈련이 없으면 이런 건 못 알아듣기 일쑤입니다. 그런 걸 초등학교 저학년에게 교육시키려 하는 것이 오늘날 한국 교육의 현실입니다. 불가능할 뿐더러 아이의 영어 미래를 망치는 지름길입니다. '선행학습'이 아니라 '교육 테러'일 뿐입니다. 영어는 아무리 많이 가르쳐도 좋습니다. 단 '고도추상'의 개념을 사용하는 문법 교육은 3학년 2학기 이전에는 절대 무리입니다. 진정한 교육은 '때를 놓치지 않는 것'이지 '앞서 가는 것'이 아닙니다.

문법 교육에 있어서 '때를 놓치지 않는다'는 것은 이런 의미입니다. 위의 (3)에 해당하는 설명을 아이가 꼭 들을 수 있는 기회를 주어야 한다는 겁니다.

일반적으로 '재미' 위주의 유치부 교육에서 '문법' 위주의 초등교육으로 바로 건너뛸 경우 아이는 학원 혹은 학교에서 선생님께 다음과 같은 첫 인사를 듣게 됩니다.

"자, 다들 5형식 정도는 하고 왔겠지?"

네? 부사나 보어도 개념 인식이 안 되어 있는데 그걸로 '쇼'를 하는 5형식을 알고 왔냐고요? 그러니까 총도 철모도 없이 전쟁터에 바로 들어온 것이군요. 여기서 대부분의 아이들이 '전사'하고 마는 겁니다. 그래서 이 책의 서두에 잠깐 언급했지만 아래의 세 개군, 15개의 개념은 어떤 일이 있어도 아주 자세하고 친절하고 '구체적인' 언어로 아이에게 가르치든지, 아니면 가르칠 사람을 찾아야 한다는 것입니다.

1. 8개의 품사
   명사 / 동사 / 형용사 / 부사 / 감탄사 / 전치사 / 대명사 / 접속사
2. 5개의 문장 구성 요소
   주어 / 술어 / 보어 / 수식어 / 목적어
3. 구와 절
   구 / 절

자, 위의 단어 중 단 하나라도 '바로 한두 마디로' 설명해 낼 수 없다면 제대로 이해하고 있지 않은 것입니다. 아이가 이것들을 이해하고 있나요? 초등 3학년 정도가 되었다면 이제 슬슬 시작할 때입니다. 하지만 명심하십시오. '슬슬'입니다. 천천히 가야 합니다. 위의 15개 개념 중에 하나라도 모르고 본격 문법을 시작하게 한다면 아이의 영어 미래를 망칠지도 모릅니다.

문법은 '사다리'이다

문법이 그렇게 중요한 존재이지만 문법은 '사다리'와 같아서 하늘에 이른 다음에는 더 이상 거치적거리는 존재가 되어서는 안 됩니다. 일단 차이를 알기 위해 문법을 통해 이해할 필요가 있지만 확실히 말하고 쓸 수 있는 상태가 된다면 문법에 얽매여 '의식'하기를 이제 그

만 멈추어야 한다는 말입니다. 문법은 '필요조건'입니다. 하지만 충분 조건이 충족되고 나면 문법은 서서히 잊어 가는 것이 좋습니다.

'원어민'에 대한 고민들
백인 우월주의를 극복하라

한국에서 영어를 가르치는 원어민들이 아주 의아해하는 것이 하나 있습니다. 영어라는 것이 이미 세계의 언어이고 더 이상 한 나라 한 인종의 것이 아닌데도 한국인들은 기어이 '백인-미국'의 공식을 지키려 한다는 것입니다. 하긴 해방 후 한국에 소개된 '서양'의 이미지는 오로지 미국과 할리우드를 대표로 하는 '백인문화'였다는 것을 생각해 보면 일견 이해는 갑니다. 하지만 이제 이것만 고집해서는 손해만 보는 시대가 도래했습니다.

영어는 '소프트'적인 것인데 굳이 금발의 백인에게만 배우겠다는 것은 두 가지를 희생하는 것입니다.

1. 그런 사람 찾다가 돈을 더 쓴다.

2. '금발 - 백인'이라고 영어가 우수하다는 보장이 없다.

흑인이 미국의 대통령인 시대를 우리는 살아가고 있습니다. 영어 그것 하나만 고려하면 되는 것이지 피부색을 고집하는 어리석음을 (21세기에 이런 이야기를 하고 있다는 것이 저도 믿어지지 않습니다만 아직도 그것이 현실이어서 드리는 말씀입니다) 더 이상 범해선 안 됩니다. 우리도 백인이 아닙니다. 백인이 아닌, 교양 있고 우수하고 영어를 잘하는 네이티브 인재는 너무나 많습니다. 아니, 더 구하기 쉽고 더 만나기 쉬울지도 모릅니다. 그들이 한국에서 박대당하고 있기 때문입니다. 아이들에게 선생님을 구해 줄 때 피부색을 따지지 마시기 바랍니다. 어리석은 일입니다.

또 한 가지 언급하고 싶은 것이 '필리핀 영어'입니다. 동영상으로 필리핀인과 회화를 적극 활용하라고 하면 대부분 '발음이…' 하면서 말끝을 흐립니다. 동남아인을 우습게 보는 뿌리 깊은 편견 (또 한 번 인종차별을 떠올리게 됩니다) 때문에 우리 눈에는 비늘이 씌워져 있습니다. 영어는 필리핀에서 '공용어'입니다. 학교에서도 관공서에도 영어를 사용한다는 것이고 제대로 교육을 받은 이들의 영어는 절대로 백인과 비교해서 손색이 없습니다. '아이들에게 도움이 되냐'고요? 그걸 말이라고…. 정 걱정이 되신다면 영미 계통의 선생님들을 가끔 접하게 하고 대부분의 시간은 이들과 보내게 해도 좋습니다. 여하튼 '피부색'을 기준으로 영어 선생을 고르는 '무식한' 일은 이제는 없었으면 합니다.

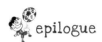

epilogue

아이들에게 다른 나라의 말을 가르친다는 것은 참으로 쉬운 일이면서도 어려운 일입니다. 그 나라 말로 환경을 만들어 주고 어른들이 그 언어를 즐거워하는 모습을 보여 주면서 인내심을 가지고 기다리면 된다는 측면에서는 거저 먹기이지만 다른 아이의 진도와 비교하면서 조금이라도 뒤떨어질까 노심초사하는 부모에게는 이거야말로 고역이면서도 거대한 퍼즐이 됩니다. 특히 한국의 환경과 같이 '영어공부'라는 말이 그저 공부인 것이 아니라 남들보다 앞서 가기를 뜻하는 곳에서는 더더욱 그렇습니다.

하지만 조바심을 내면서 서둘러서 될 일이었으면 사실상 한국 사람들은 지금쯤 세계에서 원어민을 제외하고는 영어를 가장 잘하는 국민이 되었어야 하지만 현실은 일본과 함께 TOEIC, TOEFL 점수 꼴찌를 아직도 못 면하고 있습니다. 압박감을 느낀다고 그 압박을 아이에게 전가시킨다고 해서 결코 영어가 늘지는 않는다는 것을 보여 주는 것이지요.

이 책을 통해서 저는 Alive(아이들의 흥미를 살리고), Appropriate(연령에 맞는 것을 깊이 가르치고), Aside(곁에서 부모가 함께 뛰어 주라고)를 강조하였습니다. 사실 그것이 어떤 언어든 언어를 배우는 기본 중의 기본이 되는 내용들입니다.

저는 이 책을 읽은 학부모 여러분이 이런 점을 깊게 느끼셔서 결국 20년 후에 웃게 되시기를 기도합니다. 영어공부는 월말고사를 향해 뛰는 그런 공부가 아닙니다. 그것은 평생을 함께해야 할 동반자를 만들어 가는 연애와 결혼처럼 우리의 삶의 일부가 될 때 우리에게 웃음 지을 것입니다.